『구약이 이상해요: 오경 난제 해설』을 읽다 보면 어쩐지 "먼 땅에서 오는 좋은 기별은 목마른 사람에게 냉수와 같으니라"(잠 25:25)라는 잠언 말씀이 떠오른다. 문맥은 다르지만 그만큼 궁금증이 풀리는 데서 오는 시원함이 있어서 그런 것 같다. 하나의 난제가 풀리면 그 하나만 알게 되는 것이 아니라 그것과 연관된 다른 난제들에 대한 관점도 확장되기 때문에 한 권의 책이 여러 책의 몫을 할 수 있다. 차준희 교수의 『구약이 이상해요』는 바로 그런 책이다. 더군다나 오경은 성경 전체의 등뼈 역할을 한다. 이 오경에 대한 이해가 더 분명해진다면 성경 전체의 이해를 위한 탄탄한 기초를 쌓을 수 있다. 성경을 더 깊이 알고 싶은 모든 분에게 이 책을 권하며, "구약이 이상해요"가 아니라 "구약이 이해돼요"라는 고백이 모두에게 있기를 바란다.

김윤희 햇불트리니티신학대학원대학교 총장, FWIA 대표, 한국복음주의구약신학회 회장

목회자의 마음으로 구약을 연구하고 구약 신학과 목회의 가교를 견실하게 구축하는 데 진력하는 차준희 박사는 이번 책에도 여전히 목회자의 목양심을 고스란히 담았다. 이 책은 창세기부터 신명기까지의 모세 오경에서 스물세 개의 난해 구절을 택해 친절하게 해설하면서 수용 가능한 독법을 제시한다. 저자의 난제 해설이 독자의 모든 궁금증을 일거에 해소하지는 못할지도 모르나, 이 난해 구절을 바라보고 그것을 해결해보려는 저자의 태도는 참으로 바람직하다. 견고하고 견실한 조상들의 주석 전통과 대화하면서 각 구절이 왜 문제가 되는지, 또한 이 난해성이 어떤 점에서 하나님의 새로운 면모에 대한 깨달음으로 이어질 수 있는지를 잘 보여준다. 제법 자세한 각주들이 달렸으나 바탕글을 읽어가는 데는 전혀 방해가 되지 않는다. 이 책은 우선 설교 멍에를 진 목회자들에게 추천한다. 그다음으로는 성경을 애호하는 평신도들에게 일독을 권한다. 책을 다 읽은 독자들은 오경의 난해 구절이란 결국 하나님의 심오한 진리를 감춘 구절들이며, 훨씬 더 밝고 분명한 계시를 담은 다른 성경 구절들의 도움으로 언제든지 더욱 사랑받는 성경 구절이 될 수 있음을 깨닫게 될 것이다.

김회권 숭실대학교 기독교학과 구약학 교수

성경 난제 해설은 아주 오래전부터 있었다. 고대 문서인 구약의 경우에는 더더욱 난제가 많다. 구약성경의 배경이 된 시간과 공간, 문화와 사회, 세계관과 인생관이 우리의 것과 현저히 다르다 보니 그럴 수밖에 없다. 시대마다 학자들은 일반 신자들을 위해 난제를 연구하고 설명해주려는 노력을 끊임없이 해왔다. 이 책에서는 21세기 한국교회의 신자들을 위하여 구약 전도사라는 호칭을 자랑스럽게 생각하는 차준희 박사가 전문가의 필치로 오경의 스물세 가지 난제를 선택해 시원하게 풀어준다. 기존의 생각을 고치라고 충고하기도 하고, 새롭게 이해하면 그 뜻이 이전보다 더 온전하게 다가온다고 알리기도 한다. 무엇보다 오경 문헌의 기록 목적을 제대로 알면 상당수의 난제가 훨씬 더 잘 풀릴 수 있다고 말한다. 특히 역사와 신학의 관계, 고대 근동의 문서 기록 방식과 목적 등을 알면 그럴 수 있다. 학자적 전문성과 대중적 필치를 겸비한 저자의 난제 해설은 손이 닿지 않아 어찌할 줄 몰랐던 가려운 곳을 시원하게 긁어주는 효자손이며, 고구마를 먹은 후에 마시는 사이다와 같다. 재미있고 흥미진진하고 가독성이 높은 것은 물론, 깊은 생각까지 불러일으키는 명품 오경 난제 해설집이다. 이 책을 읽는 독자들은 실망하지 않을 것이다. 오경을 설교하거나 성경 공부를 인도하는 목회자와 신학도뿐 아니라 난제 구절에 궁금증을 느끼는 일반 신자에게도 딱 맞는 신앙 교재다. 이제 오경 난제 해설을 넘어 구약의 나머지 부분에 대한 난제 해설도 기대해 본다.

류호준 백석대학교 신학대학원 구약학 은퇴 교수

성경을 새기는 길에는 여럿이 있다. 그중 하나가 성경 말씀의 세계에 질문을 던지는 것이다. 질문하는 만큼 성경 본문이 독자들을 성경 말씀의 세계로 끌어들인다. 질문하기, 묻기, 깨닫기는 성경 말씀의 세계에 참여하는 독자들을 붙들어주는 길잡이가 된다. 우리는 그 길잡이를 따라서 성경 말씀을 새기고 되새기는 기쁨을 누릴 수 있다. 차준희 교수가 집필한 『구약이 이상해요』의 안내로 구약의 토라에 들어서는 독자는 누구나 성경 읽기, 성경 새기기, 성경 풀기의 감격을 얻게 될 것이다.

왕대일 한국기독교학회 회장, 하늘빛교회 담임목사

단도직입적으로 말해서, 매우 흥미로운 책이다! 오경에 나오는 범상치 않은 주제들과 내용을 능수능란하게 풀어냈다. 구약성경은 하나님의 이야기와 하나님의 형상으로 지음 받은 인간의 이야기를 씨줄과 날줄 삼아 하나의 직조물을 짜내듯 더욱 커다란 이야기로 써 내려간다. 그리고 이러한 구약성경의 첫 부분을 차지하는 다섯 권의 책인 오경은 남자와 여자로 지음 받은 인간 창조를 절정으로 한 하나님의 온 우주적인 창조, 하나님의 신성에 대한 계시, 죄와 죽음과 영원한 생명 등, 신비로운 기사들과 신학적 주제로 넘쳐난다. 그러기에 오경은 그 역사적 배경이나 특유의 문학 장르들, 저작 의도와 목적, 그리고 신학적 의미 등에 관하여 충분한 연구가 전제되지 않으면 잘못된 해석이나 오해를 낳을 위험이 크다. 이 책의 저자는 오경을 포함하여 구약성경 전체에 대한 깊은 학문적 성과와 숙련된 솜씨로 목회 현장에 오랫동안 만연한 문제들(교리에 치중한 나머지 성경 본문의 지지를 받지 못하는 해석이나 설교를 내놓는 것, 터무니없는 적용, 잘못된 인식이나 오해)을 소개하고, 성경신학적 차원에서 속 시원한 해답을 제시한다. 교회 강단에 서는 목회자와 신학교에서 신학을 수련하는 신학생은 물론, 하나님의 말씀을 진지하게 읽고 이해하고자 하는 모든 이들에게 정독(精讀)과 활용을 권하며 추천한다.

주현규 백석대학교 신학대학원 구약학 교수

"성경 난제 해설"을 제목으로 내거는 책엔 좀처럼 손이 가지 않는다. 믿음에 호소하며 쉬운 답을 받아들이도록 강요한다는 인상 때문이다. 차준희라는 이름을 보고 책을 펼쳤다. 한 꼭지를 읽고는 이내 관심 가는 주제들을 찾아 펼쳐보게 되었다. 이 시대 구약학자 중 학계와 현장, 신학과 교회의 가교 역할을 가장 훌륭히 수행하고 있는 저자의 연륜과 학식, 교회를 향한 사랑이 스물세 꼭지의 정갈한 글에 고스란히 녹아있다. 결코 무겁지 않지만, 필요한 경우 원문과 학술 문헌을 세심히 인용하여 어려운 답을 독자들 앞에 내밀며 한번 생각해 보라고 말을 건다. 생각하지 않으려는 이 시대에 생각의 근육을 만들어주는 책이다. 성경을 이 시대에 맞게 설명하고자 하는 목회자, 평소 궁금증이 많았던 평신도, 성경을 처음 접한 초신자 모두에게 훌륭한 길잡이가 될 책이다.

홍국평 연세대학교 신과대학·연합신학대학원 구약학 교수

구약이 이상해요

**오경
난제
해설**

구약이
이상해요

차준희 지음

새물결플러스

차례

서문

이 책은 월간지 「빛과 소금」에 2019년 1월부터 2020년 12월까지 23회에 걸쳐 실렸던 원고를 다시 갈무리하여 완성한 것이다. 월간지의 특성과 지면의 제약에 따라 생략되었던 각주와 심화 내용이 첨부되었다. 이책은 한마디로 구약 오경의 난제를 성서학적으로 풀이한 내용이다. 오경을 진지하게 접한 독자라면 누구나 한 번쯤 가져보았을 궁금증을 풀어주려고 시도한 것이다.

일반 독자들은 성경 본문에 대한 설교자와 성서학자의 설명이 서로 일치하지 않을 때 당황할 수 있다. 때로는 설교자들 사이에서도 서로 다르게 해석하는 경우가 다반사다. 그러나 성경 본문에 대한 이해가 다양한 것은 사실 당연한 일이다. 성경은 "한 목소리"(one voice)가 아니라 "다양한 목소리"(multi voices)를 담고 있기 때문이다. 따라서 성서 전문가인 성서학자들도 각자 본문에 대한 이해가 다를 수 있다. 어느 한쪽이 틀린 것이 아니라 서로 다른 것이다. 본문 자체에 다양한 의미가 내포되어 있기 때문이다. 이 책에서 시도된 해석 역시 기존의 해석을 대체한다기보다 그것을 보충하거나 발전시키는 것으로 봐야 한다.

성서 전문가의 해석은 종종 일반 독자가 직접 접하고 소화하기에 난해할 수 있다. 전문성과 대중성이 공존하기란 어려운 일이기 때문이다. 또한 성경, 특히 구약성경은 배경이 되었던 고대 근동이라는 맥락

안에서 일차적인 해석을 시도해야 한다. 당시의 일차적 청중 혹은 독자에게 주어진 의미야말로 첫 번째 해석으로서 최우선적으로 존중되어야 한다. 본문 본래의 의미가 객관적으로 규명되어야만 오늘날의 독자에게 주어진 이차적 의미가 왜곡되지 않는다. 따라서 이 책은 본문의 일차적 의미를 확실히 존중하되, 거기에만 머물지 않고 이차적 의미도 드러내려고 노력했다. 난제 해설의 임무를 띤 이 책이 우선 오경의 베일을 벗기고, 나아가서 오늘날의 독자에게 주는 의미를 밝히는 데 일조하기를 바란다.

2년에 걸쳐 매달 원고를 작성할 기회를 주신 「빛과 소금」의 이승연 기자님과, 늘 필자의 글을 소중하게 생각해주고 출간을 마다하지 않으시는 새물결플러스의 김요한 대표님 및 직원 분들께도 감사를 표하고 싶다.

2021년 10월 26일

한세대학교 신학관 연구실에서

차준희

머리말: 인생의 지도인 성경[1]

삶이 복잡할수록 가장 지혜로운 선택은 기본으로 되돌아가는 것이다. 종교개혁자들도 "오직 성경"(*Sola Scriptura*)으로 돌아감으로써 기독교 신앙의 본질을 회복할 수 있었다. 약 500년 전(1517년) 기독교 신앙이 타락의 길에서 헤어 나오지 못할 때 방향을 바로잡아주었던 성경은 오늘날의 신앙인들에 의해서도 다시금 재발견되어야 한다.

1. 성경은 어떤 책인가?: 도서관 같은 책

표면적으로 보면 성경은 그저 한 권의 책으로 보인다. 그런데 성경은 한 명의 저자가 단번에 기록한 한 권의 책이 아니다. 다수의 저자가 서로 다른 사회적·정치적·문화적·경제적 배경 속에서 나름대로 경험한 하나님의 활동을 기록한 책이다. 또한 2,000년에 걸쳐 수많은 저자가 기록한 것이다. 이만큼 오랜 기간에 걸쳐 기록된 책이 또 있을까?

성경의 영어 표기인 the Bible은 "books"라는 뜻의 그리스어

---

1   이 글은 차준희, "성경, 어떤 책인가?: 인생 지도인 성경", 「플러스 인생」(2014/11), 51-55의 원고를 약간 다듬은 것이다.

"biblia"에서 유래한 것이다. 그러니까 "바이블"(the Bible)이란 "책들"(books)을 가리키는 말이며, 성경은 여러 권의 책이 총집결된 책으로 작은 도서관이라고 할 수 있다. 성경이란 한마디로 유대교와 기독교 공동체들에 의해 "거룩한 글들로 고백된 여러 종류의 문학이 집합된 도서관"이다.

그럼에도 불구하고 성경의 메시지에는 일관성이 있다. 여러 저자에게 영감을 불어넣은 이가 한 분이기 때문이다. 하나님은 자신의 영으로 성경 저자들을 사로잡으셨다.

16) 모든 성경은 하나님의 감동으로 된 것으로 교훈과 책망과 바르게 함과 의로 교육하기에 유익하니, 17) 이는 하나님의 사람으로 온전하게 하며 모든 선한 일을 행할 능력을 갖추게 하려 함이라(딤후 3:16-17).

따라서 성경의 모든 책에는 하나의 이야기가 광맥처럼 흐르고 있다. 이 땅의 모든 사람을 향한 "하나님의 사랑"과, 사람과 세상을 바로잡으려는 "하나님의 헌신"이 담겨 있다. 다른 말로 하면, 성경에는 사람과 세상을 구원하시는 하나님의 구속사(Heilsgeschichte)가 면면히 흐르고 있다.

2. 정경은 언제 종결 되었는가?: 성경의 정경화 과정

구약성경은 기원후 90년 유대인 랍비들의 회의인 야브네-얌니아 회의 (Council of Jabne-Jamnia)에서 정경(正經, canon: 그리스어로 기준이 되는 '막 대 자'를 뜻한다)으로 확정되었고, 신약성경은 기원후 393년 히포 회의 (Council of Hippo)와 389년 카르타고 회의(Council of Carthago)에서 기독 교 주교들과 교회 지도자들에 의해 정경으로 공식화되었다.

구약성경 39권은 "고대성"(antiquity: 책이 성경에 대해 가장 권위가 있고 토대가 되는 토라[율법서, 모세 오경]와 일치하는가?)과 "진본성"(authenticity: 예언자들[저자들]과 관련이 있는가?)을 기준으로 최종적으로 결정되었다. 초기 교회는 이러한 기준에 적합한 39권의 구약성경을 정경으로 채택 했다.

신약성경 27권도 "사도성"(apostolicity: 사도가 직접 집필했거나 사도와 관련이 있는가?)과 "정통성"(orthodoxy: 초기 교회의 예수 이해와 일치하는가?) 그리고 "보편성"(catholicity: 전체 교회를 위해 쓴 것인가?)이라는 비슷한 지 침을 기준으로 결정되었다.

그 외에 정경으로 채택되지 못한 수많은 책이 존재했지만, 위와 같 은 기준에 입각하여 오늘날의 정경(구약 39권, 신약 27권, 총 66권)으로 종 결되었다. 알고 보면 성경의 발생과 형성과 정경화 과정의 이면에는 항 상 그 과정에 관여하며 그것을 이끄시는 한 분 하나님이 계셨다.

3. 왜 성경을 읽어야 하는가?

기독교 신앙을 가진 사람이 신앙의 토대가 되는 정경을 가까이하며 늘 읽고 묵상하는 것은 두말할 것 없이 당연한 일이다. 구약의 한 시인은 말씀 묵상의 진정한 맛을 다음과 같이 고백하고 있다.

> 내가 주의 법을 어찌 그리 사랑하는지요!
> 내가 그것을 종일 작은 소리로 읊조리나이다(시 119:97).

> 주의 말씀의 맛이 내게 어찌 그리 단지요!
> 내 입에 꿀보다 더 다니이다(시 119:103).

> 주의 말씀은 내 발에 등이요
> 내 길에 빛이니이다(시 119:105).

그런데 기독교 신앙과 무관한 이들에게도 성경은 필독서로 간주된다. 그 이유를 두 가지만 언급하자면 다음과 같다.

첫째, 성경은 인류 역사상 최고의 고전이며 영원한 베스트셀러다. 고전 중의 고전으로서 가장 오랜 기간 동안 읽혀왔으며 현재도 전 세계에서 가장 많이 읽히고 있다. 고전이란 그 자체에 생명력이 있어서 시대에 따라 그 역동성을 드러내는 책이다. 성경은 과거의 특정 시대를 반영하지만 거기에 그치지 않고 현재와 미래와의 연속성과 불연속성 가운데 살아서 꿈틀거리는 역동체로 영원히 살아 있다. 꼭 신앙인이 아니더라도 오늘을 의미 있게 살아가려는 이들에게 기본적인 교양 함양을 하게 해주는 책으로서도 성경의 가치는 충분하다. 역사상 최고의 고전이자 베스트셀러인 성경을 외면하는 것은 교양인이 될 것을 포기하는 길이다.

둘째, 성경은 서구 문화의 기초다. 세계화 시대에 지구는 이제 한 지붕 아래 존재하는 하나의 문화권이 되어가고 있다. 이때 여러 면에서 선진국으로서 세계의 흐름을 주도하고 있는 서구 문화를 제대로 이해하지 않고서는 발전과 진보를 기대할 수 없다. 성경의 사상은 서구 세계 전반에 깊이 스며 있으며, 서구의 사회 제도, 국가, 정치, 문화, 예술, 삶 등 그 원리가 적용되지 않은 영역이 없다. 그러므로 서양의 과거를 이해하고 현재를 분석하며 미래를 관측하려면 반드시 그 뿌리가 되는 성경의 가르침과 세계관을 알아야 한다. 성경 없이는 서구 문명도 없기 때문에, 성경을 이해하지 않고서는 서양을 전혀 이해할 수 없다.

4. 왜 성경이 진리인가?: 하나님 계시의 최종 산물

성경은 사람들이 기록하고 수집한 것으로 하나님을 만나는 경험을 통해 형성된 하나님의 말씀이다. 예를 들자면 이스라엘 선사 시대의 경험(원역사와 족장들의 이야기), 이스라엘 민족 시대의 경험(이집트에서의 억압과 탈출-광야 시대-가나안 정착), 예언자들의 경험, 예수님의 하나님에 대한 경험, 이 땅에 계실 당시의 예수님에 대한 사람들의 경험, 부활하신 예수님에 대한 사람들의 경험, 초기 교회 시대 사람들의 예수님에 대한 경험 등으로 구성되어 있다.

우리는 이런 경험을 하나님의 계시라고 부른다. 하나님은 하늘과 땅을 창조하신 이후 아무 말 없이 역사의 뒷전으로 물러나 계신 것이 아니라 그분의 자녀들과 계속해서 교제하길 원하셨다. 그래서 자신을 계시하셨고 이로써 사람들이 하나님을 경험하게 되었다. 그분은 또한 자신의 말씀과 자신에 대한 경험을 사람들이 기록하게 하셨다.

이제 가서 백성 앞에서 서판에 기록하며
책에 써서 후세에 영원히 있게 하라(사 30:8).

이는 후세대가 유사한 하나님 경험을 하거나, 그들의 하나님 경험과 확신을 스스로 숙고하고 심화할 수 있게 하려 하심이다. 성경은 하나님의 자녀들에게 교훈, 격려, 도움의 역할을 한다. 이러한 하나님의 계속적 계시의 최종 산물이 바로 성경이다.

나가는 말

성경은 단순히 하나님에 "관한" 글들이라기보다 하나님이 이 세상에 말씀하시고자 하는 것을 인간의 언어로 기록해놓은 것이다. "나는 누구이며 어떻게 살아야 하는가?"라는 질문은 궁극적으로 "하나님은 누구이며 그분이 나에게 요구하는 것은 무엇인가?"라는 질문과 다르지 않다. "내가 누구인가"는 "나를 창조하신 그분"을 제대로 알고 만나면 해결된다. 하나님을 아는 것이 곧 나를 아는 것이다. 성경은 인간을 통하여 하나님에 관해 계시하는 책(신학책)인 동시에, 인간은 누구이며 어떻게 살아야 하는지를 알려주는 인간에 관한 책이다. 알고 보면 신학은 인간학이다. 이 세상과 인간을 지으시고 지금도 역사 한가운데서 구원의 역사를 이끄시는 하나님을 만나야 한 인생이 방황하지 않고 순항할 수 있다. 인생의 진정한 내비게이션인 성경을 언제까지 외면할 것인가? 인생의 지도인 성경에 인생의 답이 있다.

1장

하나님이 한 분이 아니라고?

하나님의 "우리"(창 1:26)

창세기 1:26을 보면 하나님은 "우리"라는 복수형을 사용하신다.

> 하나님이 이르시되 "**우리**의 형상을 따라 **우리**의 모양대로 **우리**가 사람을 만들…자"(창 1:26).

그런데 우리가 알고 있는 하나님은 오직 한 분이다.

> 이스라엘아, 들으라. 우리 하나님 여호와는 오직 유일한 여호와이시니(신 6:4).

그래서 하나님의 복수형 사용("우리")은 우리를 당혹스럽게 한다. 오직 한 분이신 하나님이 또 다른 신적 존재를 인정하는 것처럼 보이기 때문이다.

초기 교회의 교부를 비롯하여 대부분의 전통적 기독교 신학자들은 일반적으로 이를 삼위일체 교리의 예증으로 설명한다. 삼위일체 교리는 초기 교회 교부들의 신학적 탐구 결과로 정립된 중요한 기독교 신학 체계다. 하나님의 "우리"라는 표현을 삼위일체의 흔적으로 보는 해석은 기독교의 교리적 해석이다. 그러나 "삼위일체"라는 단어는 구약성경과 신약성경 어디에도 나오지 않는다. 구약 시대 당시로 보면 삼위일체는 알려진 바 없는 낯선 개념이었다. 구약성경의 저자들은 성부 하나님, 성자 하나님, 성령 하나님이라는 삼위의 하나님을 명시적으로 각기 구분하여 사용하지 않았다. 하나님의 삼위(三位)에 관한 관념을 전혀 가지고 있지 않았던 것이다. 즉, 구약성경은 하나님을 오직 한분으로만 알고 있었다. 그리고 구약성경은 우선적으로 문헌의 배경이 되는 고대 근동 및 구약 시대의 상황과 당시의 사상에 따라 해석되어야 한다.

그렇다면 하나님의 "우리"라는 표현은 구약의 맥락에서 어떻게 이해해야 할까? 창세기 1:26의 "우리가 만들자"(נַעֲשֶׂה, 나아세, 'we make')라는 히브리어 복수형 동사는 두 가지로 이해할 수 있다.

첫째, "심사숙고의 복수형"(*pluralis deliberationis*/plural of self-deliberation)으로 볼 수 있다.[1] 심사숙고의 복수형은 중요한 결정을 앞두고 스스로 숙고하거나 결단할 때 쓰는 화법이다. 창세기 11장에 나오는 바벨 사람들은 하늘에 닿을 정도로 높은 탑(오늘날의 지구라트[ziggurat])을 건축하고 "우리 이름을 내고 온 지면에 흩어짐을 면하자"(창 11:4)라며 하나님의 뜻을 거역하고 교만함을 드러냈다. 이때 하나님은 "자, **우리**가 내려가서 거기서 그들의 언어를 혼잡하게 하여 그들이 서로 알아듣지 못하게 하자"(창 11:7)라고 하시며 그들이 서로 언어를 알아듣지 못하게 하여 결국 그들을 흩으셨다. 여기서 "우리"는 하나님이 또 다른

---

1   C. Westermann, *Genesis. 1. Teilband: Genesis 1-11* (Biblischer Kommentar. Altes Testament; Neukirchen-Vluyn: Neukirchener Verlag, 1983), 198; A. Schüle, *Die Urgeschichte(Genesis 1-11)* (Zürcher Bibelkommentare. Altes Testament; Zürich: Theologischer Verlag, 2009), 42.

신적 존재들과 협의하는 것이 아니라 하나님 자신과 협의하는 것을 표현한다. 이는 하나님이 인간 창조라는 특별한 사건을 앞두고 스스로 중요한 결정을 내리는 상황을 보여주기 위해서 사용한 복수형으로 간주할 수 있다.

이러한 하나님의 심사숙고는 창세기 3:22에도 나타난다.

> 여호와 하나님이 이르시되 "보라, 이 사람이 선악을 아는 일에 **우리** 중 하나 같이 되었으니, 그가 그의 손을 들어 생명나무 열매도 따먹고 영생할까 하노라" 하시고(창 3:22).

선악과를 따먹은 인간은 선악을 아는 일에 천상의 신적 존재 중 하나와 같이 되었다. 즉 선악을 아는 일에서 하나님으로부터 벗어나 독립적인 자유의지를 행사할 수 있는 존재가 된 것이다. 하나님은 이 중대한 국면에 또다시 심사숙고하신다. 죄지은 인간은 감히 하나님의 특권을 자신의 것으로 만들고 스스로 선악을 가르는 판단자가 된다. 하지만 선과 악의 궁극적 판단은 인간의 몫이 아니라 오직 하나님의 고유 권한이다. 이에 하나님은 범죄한 인간이 영생하는 길을 제지하여, 인간이 회복되기 전까지는 낙원으로 돌아오는 길을 막기로 결단하신다. 이러한 결단은 최초의 인간 창조에 못지않은 중대한 과업이었다.

둘째, 이 표현을 "대화의 복수형"(*pluralis communicativus*/plural of communication)으로 볼 수도 있다.[2] 대화의 복수형은 하나님이 천상의 궁

---

2   G. von Rad, *Das erste Buch Mose Genesis* (Das Alte Testament Deutsch; Göttingen:

중 회의(heavenly council of angels)에서 천상의 존재들과 함께 자신의 일을 상의함을 가리키는 공동체적 복수형이다. 구약성경에 나타난 대화의 복수형은 다음 본문에서도 나타난다.

> 그들이 말하기를 "오라, **우리**가 꾀를 내어 예레미야를 치자. 제사장에게 서 율법이, 지혜로운 자에게서 책략이, 선지자에게서 말씀이 끊어지지 아 니할 것이니, 오라, **우리**가 혀로 그를 치고 그의 어떤 말에도 주의하지 말 자" 하나이다(렘 18:18).

하나님이 천상의 궁중 회의에서 천상의 존재인 천사들에게 말을 거는 일은 구약성경에서 종종 보고된다. 예를 들어 이사야의 소명 기사에서 도 이를 확인할 수 있다. 이사야가 살던 당시(기원전 740-701년) 하나님 은 남유다 왕국에 그분의 뜻을 전할 메신저가 필요했다. 그런데 그 메 시지는 아무도 듣지 않고 반발만 일으킬 내용이었다. 말하자면 아무도 듣지 않을 메시지를 전할 메신저가 필요했던 것이다. 당연히 아무도 나 서는 자가 없는 천상의 궁중에서 하나님은 천사들과 함께 누구를 파송 할 지를 놓고 회의하고 있었다. 하나님의 탄식 소리가 이사야에게 들려 온다.

주께서 이르시되

Vandenhoeck & Ruprecht, 1987), 37; W. Zimmerli, 1. *Mose 1-11: Die Urgeschichte* (Zürcher Bibelkommentare; Zürich: Theologischer Verlag, ⁵1991), 72.

"내가 누구를 보내며

누가 **우리**를 위하여 갈꼬?" 하시니(사 6:8).

시편 저자들도 하나님이 천상의 궁중에서 천사들과 함께 회의하고 있음을 여러 차례 증언하고 있다.

하나님은 **신들의 모임** 가운데에 서시며

하나님은 그들 가운데에서 재판하시느니라

(시 82:1; 참조. 왕상 22:19; 욥 1:6; 2:1; 시 89:7; 단 7:10 등).

그 밖에도 구약성경에는 천상의 궁중 회의를 가리키는 본문이 여러 차례 등장한다.

미가야가 이르되 "그런즉 왕은 여호와의 말씀을 들으소서. 내가 보니 **여호와께서 그의 보좌에 앉으셨고 하늘의 만군이 그의 좌우편에 모시고 서 있는데**"(왕상 22:19).

하루는 **하나님의 아들들이 와서 여호와 앞에 섰고**, 사탄도 그들 가운데에 온지라(욥 1:6).

또 하루는 **하나님의 아들들이 와서 여호와 앞에 서고**, 사탄도 그들 가운데에 와서 여호와 앞에 서니(욥 2:1).

하나님은 거룩한 자의 모임 가운데에서 매우 무서워할 이시오며

둘러 있는 모든 자 위에 더욱 두려워할 이시니이다(시 89:7).

9) 내가 보니

왕좌가 놓이고 옛적부터 항상 계신 이가 좌정하셨는데

그의 옷은 희기가 눈 같고

그의 머리털은 깨끗한 양의 털 같고

그의 보좌는 불꽃이요

그의 바퀴는 타오르는 불이며

10) 불이 강처럼 흘러 그의 앞에서 나오며

그를 섬기는 자는 천천이요

그 앞에서 모셔 선 자는 만만이며

심판을 베푸는데 책들이 펴 놓였더라(단 7:9-10).

하나님은 최초의 인간을 창조할 때 천상의 존재들을 소집하고 천상의 궁중 회의를 개최하셨다. 하나님께서 온 우주를 창조하실 때는 홀로 결단하시고 말씀으로 창조를 이루셨다. 그러나 온 우주를 홀로 창조한 하나님께서 창조의 정점인 인간 창조를 앞두고는 홀로 결정하지 않으시고 천상 회의를 통하여 결단하셨다.

이처럼 하나님을 지칭한 "우리"라는 복수형은 구약의 맥락에서 "심사숙고의 복수형"으로도 볼 수 있고 "대화의 복수형"으로도 볼 수 있다. 두 가지 해석 가운데 어느 것을 취하든 간에 이는 하나님이 온 우주와 세상을 창조하실 때와 분명히 차별되는, 지금까지 볼 수 없었던

특이한 현상이다. 하나님이 인간을 창조하실 때는 특별히 심사숙고하는 과정을 거치거나 천상의 존재들을 모아놓고 진지한 회의를 거쳐서 결행하셨다는 이야기다. 이로써 하나님이 지으신 모든 피조물 가운데 인간이 하나님과 특별한 관계에 있다는 사실을 알 수 있다. 다른 한편으로는 어쩌면 우주의 모든 피조물 가운데 막내이면서 철없는 인간이 창조주 하나님의 속을 가장 많이 썩일 것을 미리 알고 고민하신 것일지도 모르겠다.

사족을 달자면, 인간 창조가 창조의 절정인 것은 분명하지만 그것이 창조의 최종 목적은 아니다. 창조의 최종 목적은 안식일이다. 창조의 왕관은 인간이 아니라 안식일의 몫이다.

1) 천지와 만물이 다 이루어지니라. 2) 하나님이 그가 하시던 일을 일곱째 날에 마치시니, 그가 하시던 **모든 일을 그치고 일곱째 날에 안식하시니라.** 3) 하나님이 그 일곱째 날을 복되게 하사 거룩하게 하셨으니, 이는 하나님이 그 창조하시며 만드시던 모든 일을 마치시고 그날에 안식하셨음이니라(창 2:1-3).

안식일이 창조의 완성이요 왕관이다.[3]

---

3   위르겐 몰트만, 김균진 역, 『창조 안에 계신 하느님: 생태학적 창조론』(*Gott in der Schöpfung*, 서울: 한국신학연구소, 1991), 19.

2장
인간이 흙에서 왔다고?
흙보다 못한 먼지에서 온 인간(창 2:7)

창세기 1장이 하나님의 "우주 창조"에 초점을 모았다면 2장은 "인간 창조"에 집중하고 있다. 그중에서도 창세기 2:7은 인간 창조의 과정을 자세히 묘사한 유명한 본문이다. 구약성경이 말하는 인간학의 표준이 되는 이 구절을 개역개정 성경으로 보면 다음과 같다.

> 여호와 하나님이 땅의 흙으로 사람을 지으시고 생기를 그 코에 불어넣으시니 사람이 생령이되니라(창 2:7).

유감스럽게도 이 번역은 히브리어 원문을 정확하게 담아내지 못하고 있다. 다음의 구절은 히브리어 원문을 문자적으로 번역한 것이다.

> 야웨 하나님이 **흙**(אֲדָמָה, 아다마)의 **먼지**(עָפָר, 아파르)로 그 사람(הָאָדָם, 하아담)을 빚으시고 그의 코 안으로 생명의 숨(נִשְׁמַת חַיִּים, 니쉬마트 하임)을 불어넣으시니, 그 사람(הָאָדָם, 하아담)이 생명체(נֶפֶשׁ חַיָּה, 네페쉬 하야)가 되었다(필자의 번역).

이 본문은 인간에 대한 세 가지 중요한 사실을 암시한다.

첫째, 인간은 유한하고 무상한 존재다. 이 구절의 우리말 성경 번역과 필자의 개인 번역을 비교하면 중요한 차이가 드러난다. 먼저 "땅의 흙"이라는 부분은 히브리어로 "아파르 민-하아다마"다. "아다마"는 "흙/땅"이라는 뜻이고 "민"은 전치사로 "~로부터"라는 뜻이며 "아파르"는 "먼지/티끌"을 의미한다. 여기서 "먼지"(עָפָר, 아파르)는 하나님이 인간을 창조할 때 사용한 재료를 말하고 "흙"(אֲדָמָה, 아다마)은 그 재료의 출처 내지는 유래를 의미한다. 인간은 "땅의 먼지" 혹은 "땅의 티끌"로 만들어진 존재다. 정확하게 말하면 인간은 흙으로 만들어진 것이 아니라 "흙먼지" 혹은 "흙 위에 떠다니는 티끌"로 만들어진 존재다. 다시 말해 흙보다 못한 먼지/티끌로 만들어진 것이다. 따라서 하나님의 생명의 숨이 떠나면 인간은 먼지/티끌로 돌아간다.

> "네가 **흙**(אֲדָמָה, 아다마)으로 돌아갈 때까지 얼굴에 땀을 흘려야 먹을 것을 먹으리니 네가 그것에서 취함을 입었음이라. 너는 **흙**(עָפָר, 아파르: 개역개정 성경의 '흙'은 '먼지/티끌'로 수정되어야 함)이니 **흙**(עָפָר, 아파르: 여기서도 '흙'이 '먼지/티끌'로 수정되어야 함)으로 돌아갈 것이니라" 하시니라(창 3:19).

인간이 먼지나 티끌로부터 생성되었다는 것은 인간의 유한성과 무상성을 암시한다.

> 다 **흙**(עָפָר, 아파르, '먼지')으로 말미암았으므로
> 다 **흙**(עָפָר, 아파르, '먼지')으로 돌아가나니
> 다 한 곳으로 가거니와(전 3:20).

흙(עָפָר, 아파르, '먼지')은 여전히 땅(אֶרֶץ, 에레츠)으로 돌아가고
영은 그것을 주신 하나님께로 돌아가기 전에 기억하라(전 12:7).

기억하옵소서.
주께서 내 몸 지으시기를 흙을 뭉치듯 하셨거늘
다시 나를 **티끌**(עָפָר, 아파르)로 돌려보내려 하시나이까?(욥 10:9)

주께서 낯을 숨기신즉
그들이 떨고
주께서 그들의 호흡을 거두신즉
그들은 죽어 **먼지**(עָפָר, 아파르)로 돌아가나이다(시 104:29).

인간은 유한하며 무상한 존재로 창조되었다. 영원한 생명(영생)을 지닌
존재가 아니라 유한하고 무상한 존재로 창조되었다.[1] 따라서 인간의 죽
음은 본래 창조 질서에 속한 것이다.

둘째, 인간은 땅에 의존적인 존재다. 인간(아담)이 흙(אֲדָמָה, 아다마)
에서 유래되었다는 점도 중요한 신학적 의미를 담고 있다. 사람을 의미
하는 "아담"(adam)이라는 이름은 그의 근원이 "아다마"(adamah)이기 때
문에 붙여진 것이다. 즉 "아담"은 "아다마"에서 비롯된 것이기에 "아
담"이라고 이름 붙여진 것이다. 이 두 단어는 인간(אָדָם, 아담)과 땅(אֲדָמָה,

---

1   이희학, 『인간의 죄악과 하나님의 구원행동: 창세기 1-11장의 신학』(서울: 대한기독교
     서회, 2003), 94.

아다마)의 관계성을 강조하는 언어유희(Wortspiel, wordplay)다.[2] 이는 인간이 땅/흙에 속해 있으며 땅에 의존해서 살아가야만 하는 존재임을 암시한다. 인간은 땅에서 "노동하는 존재"(*homo faber*)이며 땅에 살면서 땅을 일구는 수고와 노동을 통해 살아가는 존재다.[3] 사실 인간은 땅을 경작하기(עָבַד, 아바드) 위하여 창조되었다.

> 여호와 하나님이 땅에 비를 내리지 아니하셨고, 땅을 **갈**(עָבַד, 아바드) 사람도 없었으므로 들에는 초목이 아직 없었고, 밭에는 채소가 나지 아니하였으며(창 2:5).

> 여호와 하나님이 그 사람을 이끌어 에덴동산에 두어 그것을 **경작하여** (עָבַד, 아바드) 지키게 하시고(창 2:15).

그리고 인간은 결국 죽어서 한 평생 경작한 땅으로 다시 되돌아가는 존재다(창 3:19). 이처럼 인간은 땅에서 왔고 땅을 파먹고 살다가 땅 속으로 들어가는 존재다. 즉 땅이 사람의 본향이고 요람이고 거처이며 무덤이라는 것이다.

인간은 자신(אָדָם, 아담)을 부를 때마다 자신이 땅/흙(אֲדָמָה, 아다마)의 자식임을 기억해야 한다. 인간과 땅은 부자지간이다. 따라서 자연(땅)은 인간을 위한 보조적 "주변 세계/주변 환경"(Umwelt)이 아니라 인간

---

2   F. Maass, Art. "adam," *ThWAT* I (1973), 81-94, 특히 82.
3   이희학, 『인간의 죄악과 하나님의 구원행동: 창세기 1-11장의 신학』, 95.

도 그 안에 포함되어 함께 사는 "공존 세계/공동 세계"(Mitwelt)다. 자연은 인간이 태어난 "본향/근본 세계"(Urwelt)다. 인간과 자연(땅)은 서로 얽혀서 나눌 수 없는 "한 생명 공동체"(one life)다. 따라서 자연이 죽으면 사람도 자연히 죽고, 자연이 살아야 사람도 자연히 산다. 자연과 사람은 공동 운명체다. 따라서 자연 살리기는 결국 사람 살리기와 마찬가지다.

> 땅이 사람에게 속한 것이 아니라 사람들이 땅에 속해 있다.…
> 땅은 창조주께 귀중하며 땅을 해침은 창조주를 모욕함이다.…
> 우리의 죽은 이들은 이 아름다운 땅을 결코 잊지 않는다.
> 이 땅은 홍인들의 어머니다.
> 우리는 땅의 일부요 땅은 우리의 일부다(시애틀 추장의 연설).[4]

셋째, 인간은 하나님에게 의존적인 존재다. 하나님이 땅의 먼지로 사람을 지으시고 그의 코에 생기를 불어넣으시자 생령이 되었다. 하나님은 적지 않은 이들이 오해하고 있듯이 인간의 육체에 "영"(רוּחַ, 루아흐)을 집어넣으신 것도 "영혼"(נֶפֶשׁ, 네페쉬)을 불어넣으신 것도 아니다. 하나님은 사람을 빚으시고 그의 코에 "생기"(נִשְׁמַת חַיִּים, 니쉬마트 하임, '생명의 숨')를 불어넣으셨다. 이러한 생기는 동물들에게도 있다.

---

4   J. M. Rich, *Chief Seattle's Unanswered Challenge* (Seattle: Lowman & Hanford Co., 1947), 40.

육지에 있어 그 코에 **생명의 기운의 숨**(נִשְׁמַת־רוּחַ חַיִּים, 니쉬마트-루아흐 하임)이 있는 것은 다 죽었더라(창 7:22).

동물들도 사람과 같이 숨을 쉬고 호흡한다. 그런데 하나님이 이러한 생명의 숨을 동물에게 불어넣었다는 진술은 성경에 나오지 않는다.

여호와 하나님이 흙으로 각종 들짐승과 공중의 각종 새를 지으시고, 아담이 무엇이라고 부르나 보시려고 그것들을 그에게로 이끌어 가시니, 아담이 각 생물을 부르는 것이 곧 그 이름이 되었더라(창 2:19).

하나님이 생명의 숨을 직접 불어넣으신 대상은 사람으로 제한된다. 이것이 생명의 숨이 있는 모든 동물과 사람의 차별점이다.[5] 인간은 다른 피조물에 비해 우월한 존재다. 그는 창조주 하나님이 친히 생명의 숨을 불어넣어 주신, 매우 친밀하고도 특별한 애정을 입은 존재다.

사람은 이러한 하나님의 생명의 숨을 통하여 "생령" 즉 "살아 있는 영혼"(נֶפֶשׁ חַיָּה, 네페쉬 하야) 혹은 "살아 있는 존재/사람/생명체"(a living being)가 되었다. "네페쉬"는 우리말 성경에서 흔히 "영혼"으로 번역되는데, 여기서 이 단어는 육체(body)에 대응하는 개념으로서의 "영혼"(soul)을 말하는 것이 아니다. 그것은 "육체와 영혼"을 포함하는 "전인간"(whole person)을 의미한다.[6] 구약성경에 의하면 인간은 육체와 영

---

5 A. Schüle, *Die Urgeschichte(Genesis 1-11)*, 58-59.
6 W. H. Schmidt, "Anthropologische Begriffe im Alten Testament," *EvTh* 24 (1964), 374-388.

혼으로 "분리"된 존재가 아니다. 단지 몸(육체)과 생명(영혼)이 "구분"되어 있을 뿐이다.

또한 인간의 생명은 하나님이 당신의 생기(숨)를 거두어가시면 끝장난다. 인간의 생명과 존재의 근거는 하나님이며 인간의 생명은 인간이 마음대로 처리할 수 없는 치외 법권에 속한다. 인간은 하나님의 소유인 생명을 직접적으로 받은 자로서 그 생명을 다시 거두실 하나님에게 전적으로 의존된 존재다. 그래서 하나님과의 관계가 끊어지는 것은 생명이 끊어지는 것과 같다. 그래서 한 시인은 생명의 원천이 하나님에게 있다고 고백한다.

진실로 생명의 원천이 주께 있사오니
주의 빛 안에서 우리가 빛을 보리이다(시 36:9).

사람은 땅의 먼지/티끌로 만들어진 존재로서(유한하고 무상한 인간), 땅을 의지하고 땅과 함께 공존 공생하며(땅에 의존적인 인간), 생명의 숨을 주시고 지금도 계속 보존하시며 결국 때가 되면 거두어가실 생명의 원천인 하나님께 속한 생명체다(하나님에게 의존적인 인간).

3장

죽음이란?

"반드시 죽으리라"(창 2:17) 혹은 "결코 죽지 아니하리라"(창 3:4)

구약성경에서 죽음에 대한 최초의 언급은 세 존재를 통해서 나온다. 첫째로 하나님의 말씀을 통해 죽음이 언급된다. 죽음을 맨 처음 언급하신 분은 하나님이다. 하나님이 최초의 인간에게 동산에 있는 모든 나무의 열매를 허락하시되(창 2:16) 오직 한 나무의 열매만은 금하는 명령을 내리실 때 죽음이 언급된다.

> "선악을 알게 하는 나무의 열매는 먹지 말라. 네가 먹는 날에는 반드시 **죽으리라**" 하시니라(창 2:17).

두 번째로는 뱀이 아담과 하와를 유혹하는 대화의 자리에서, 하와의 입을 통해 죽음이 언급된다. 하와는 하나님의 말씀을 약간 왜곡하고 있다.

> 동산 중앙에 있는 나무의 열매는 하나님의 말씀에 "너희는 먹지도 말고 만지지도 말라. 너희가 **죽을까 하노라**" 하셨느니라(창 3:3).

세 번째로는 뱀의 입을 통해 죽음이 언급된다. 뱀의 말은 하나님의 말씀과 정면 배치된다.

뱀이 여자에게 이르되 "너희가 **결코 죽지 아니하리라**"(창 3:4).

창세기 2:17의 명령은 인간에게 내려진 최초의 금지 명령이다. 이 명령은 또한 타락 이전에 인간에게 내려진 유일한 금령이기도 하다. 이 구절의 명령문 형태는 십계명(출 20:13-17)과 매우 유사하다. "먹지 말라"(לֹא תֹאכַל, 로 토칼)는 히브리어 문장은 영원토록 지속되어야 하는 절대 금령을 의미한다.[1]

　하나님의 금지 명령에 불순종한 대가는 바로 죽음이었다. 이는 "반드시 죽으리라"(מוֹת תָּמוּת, 모트 타무트)라는 말씀으로 알 수 있다. 그런데 아담과 하와는 불순종한 날 바로 죽지 않았다. 창세기 5:5("그는 구백삼십 세를 살고 죽었더라")에 따르면 아담은 930세까지 산 것으로 되어 있다. 그렇다면 하나님의 말씀과 정면충돌하는 뱀의 말인 창세기 3:4의 "너희가 결코 죽지 아니하리라"는 말이 사실상 실제에 더 부합하는 것 아닌가? 뱀의 유혹하는 말이 하나님의 명령보다 더 정직하단 말인가? 이 구절의 죽음은 과연 어떻게 이해해야 하는가?

　창세기 2:17은 흔히 죽음의 기원에 관한 설명으로 간주되어왔다. 인간은 에덴에서 영원히 살 수 있는 존재로 창조되었다가 선악과를 따먹은 결과 죽어야 하는 유한한 존재로 바뀌었다는 것이다. 이에 따르면 죽음은 죄로 말미암아 오게 되었다. 즉 인간의 사멸성(死滅性)은 하나님의 처벌이고, 본래 인간은 영생하는 존재였다는 것이다. 그러나 이러한 해석은 죄와 죽음을 기계적으로 관련짓는 태도에서 기인한 것으로, 구

1　이희학, 『인간의 죄악과 하나님의 구원 행동: 창세기 1-11장의 신학』, 104, 각주 20번.

약성경의 본질적인 신앙과는 거리가 있다. 창세기 2:4b-3:24의 맥락에 따르면 추방되기 이전의 낙원에서도 인간은 죽을 수밖에 없는 존재였다.[2] 인간이 먼지나 티끌에서 생성되었다는 사실이 인간의 유한성과 무상성을 이미 암시하고 있다.

> 여호와 하나님이 땅의 흙[먼지, 티끌]으로 사람을 지으시고 생기를 그 코에 불어넣으시니 사람이 생령이 되니라(창 2:7).

> 여호와 하나님이 이르시되 "보라, 이 사람이 선악을 아는 일에 우리 중 하나 같이 되었으니, 그가 그의 손을 들어 생명나무 열매도 따먹고 영생할까 하노라" 하시고(창 3:22).

그런데 이 맥락에서 특별히 주목할 것은 어느 누구도 실제적인 죽음을 맛보지 않고 있다는 점이다. 불순종의 대가를 설명하는 창세기 본문은 죽음이라기보다 고통과 괴로움에 가득 찬 삶에 대해 말하고 있다.

> 15) "내가 너로 여자와 원수가 되게 하고 네 후손도 여자의 후손과 원수가 되게 하리니, 여자의 후손은 네 머리를 상하게 할 것이요 너는 그의 발꿈치를 상하게 할 것이니라" 하시고 16) 또 여자에게 이르시되 "내가 네게 임신하는 고통을 크게 더하리니 네가 수고하고 자식을 낳을 것이며,

---

2   H. D. Preuß, *Theologie des Alten Testaments. Band 2: Israel Weg mit JHWH* (Stuttgart: Kohlhammer, 1992), 158.

너는 남편을 원하고 남편은 너를 다스릴 것이니라" 하시고 17) 아담에게 이르시되 "네가 네 아내의 말을 듣고 내가 네게 먹지 말라 한 나무의 열매를 먹었은즉, 땅은 너로 말미암아 저주를 받고 너는 네 평생에 수고하여야 그 소산을 먹으리라. 18) 땅이 네게 가시덤불과 엉겅퀴를 낼 것이라. 네가 먹을 것은 밭의 채소인즉, 19) 네가 흙으로 돌아갈 때까지 얼굴에 땀을 흘려야 먹을 것을 먹으리니, 네가 그것에서 취함을 입었음이라. 너는 흙이니 흙으로 돌아갈 것이니라 하시니라"(창 3:15-19).

이러한 고통스런 삶은 우리 삶의 정황에서나 이 본문 자체의 세계에 있어서나 죽음보다 더 중요한 문제다.[3] 구약성경에서 인간의 죽음(사멸성)이란 인간이 겪는 여러 고통 가운데 한 가지에 지나지 않는다.

죽음은 선악과를 따먹은 것에서 직접적으로 기인한 결과라고 볼 수 없다. 창세기 2:17에 죽음의 형벌이 언급된 것은 본디 그렇게 하겠다는 위협적인 의미가 아니라 경고의 의미였다.[4] 사람이 금단의 열매를 따먹는 것을 막으려 한 것이다. 그런데 사람이 그 나무의 열매를 취한 이후에는 새로운 상황이 펼쳐지게 된다. 하나님은 자신이 이전에 말씀하신 것과 다르게 행동하신다. 불순종한 자들의 생명을 즉각적으로 거두는 처벌이 집행되지 않고, 오직 하나님과의 직접적 교제(=에덴동산)만이 상실된다. 인간은 하나님과의 직접적인 교제를 떠나 스스로 황량한 삶을 살아가게 되었다.[5] 따라서 이 경고의 말씀은 "육체적 죽음"이 아니

---

3   월터 브루그만, 강성열 역, 『창세기』(현대성서주석; 서울: 한국장로교출판사, 2000), 84.
4   C. Westermann, *Genesis*, 306.
5   헤르만 만케, 차준희 역, 『한 권으로 마스터하는 구약성경』(*Lesen und Verstehen 1*, 서울:

라 "에덴에서의 추방과 하나님으로부터의 관계 단절"(영적 죽음)을 의미하는 것으로 보아야 한다.[6]

창세기 2-3장을 보면 "죄로 인한 죽음"(죄의 심판으로서의 죽음)과 "자연 질서로서의 죽음"(피조물로서의 죽음)이 서로 명백하게 구분되어 있는 것을 알 수 있다. 창세기 2:7과 3:19이 "피조물로서의 죽음"을 가리키고 있다면 창세기 2:17은 "죄의 심판으로서의 죽음"을 말하고 있다. 그리하여 요한계시록의 저자는 죄에 대한 벌로 받은 "죄로 인한 죽음"을 둘째 사망이라고 부르고, 하나님의 창조 질서에 따른 "자연 질서로서의 죽음"을 첫째 사망이라고 부른다.[7]

귀 있는 자는 성령이 교회들에게 하시는 말씀을 들을지어다. 이기는 자는 **둘째 사망**의 해를 받지 아니하리라(계 2:11).

이 첫째 부활에 참여하는 자들은 복이 있고 거룩하도다. **둘째 사망**이 그들을 다스리는 권세가 없고, 도리어 그들이 하나님과 그리스도의 제사장이 되어 천 년 동안 그리스도와 더불어 왕 노릇 하리라(계 20:6).

사망과 음부도 불못에 던져지니, 이것은 **둘째 사망** 곧 불못이라(계 20:14).

그러나 두려워하는 자들과 믿지 아니하는 자들과 흉악한 자들과 살인

대한기독교서회, 2010), 79.

6   이희학, 『인간의 죄악과 하나님의 구원행동: 창세기 1-11장의 신학』, 105.

7   김이곤, 『삶, 죽음 그리고 죽음 이후』(사상지식; 서울: 프리칭아카데미, 2007), 18.

자들과 음행하는 자들과 점술가들과 우상 숭배자들과 거짓말하는 모든 자들은 불과 유황으로 타는 못에 던져지리니, 이것이 **둘째 사망**이라(계 21:8).

창세기 2:17은 선악과에 손을 대면 사형을 받을 것이라고 경고한다. 사람은 뱀과 대화를 하고 금지된 과실을 먹었기 때문에 마땅히 사형을 받아야 한다. 하지만 사형은 바로 집행되지 않고 오히려 괴로운 인생을 사는 것으로 변화되었다(창 3:15-19).[8] 즉 죄로 인한 죽음은 불순종으로 사형선고를 불러들이고, 사형선고는 "사형 집행 유예"로 판결되고, 사형 집행 유예는 인간의 괴로운 삶으로 대체된다. 다시 말해 죄로 인한 죽음은 인생의 괴로움(하나님과의 관계 단절 및 서로 간의 관계 상실)을 가져온다.

우리는 창세기 2-3장의 맥락을 통하여 창세기 2:17의 "죄로 인한 죽음"이 무엇을 의미하는지를 발견하게 된다. 창세기 2:17의 죽음이란 아담과 하와가 금단의 열매를 따먹은 날에 그들에게 주어진 모든 조치를 포함한다. 하나님의 음성을 듣고 두려워하며 하나님의 낯을 피하여 숨는 행위(창 3:10), 남편과 아내의 소외와 아담의 책임 전가(창 3:12-13), 뱀의 후손과 여자의 후손 사이에 있게 될 싸움(창 3:15), 큰 해산의 고통을 감수하고 자신을 억압적으로 다스리는 남편을 사모해야 하는 여자의 고달픈 예속(창 3:16), 비옥함을 잃어버린 땅을 경작하며 생명

---

8 한스 발터 볼프, 문희석 역, 『구약성서의 인간학』(*Anthropologie Des Alten Testaments*, 왜관: 분도출판사, 1976), 204-205.

소모적인 생계 유지 노동에 속박당하는 것(창 3:17, 19, 23), 가시덤불과 엉겅퀴와 고투를 벌이다가 그것들에 찔리는 경험(탈무드에 따르면 가시와 엉겅퀴는 질병과 고통의 시작이다, 창 3:18), 그리고 에덴에서의 추방(창 3:24) 등이다.[9] 이 모든 경험은 죄로 인한 죽음의 형벌로 감수해야 할 것들이다. 이 모든 것은 "하나님과의 관계 단절 및 서로 간의 관계의 상실"이라는 한마디에 포괄할 수 있다.

창세기 2:17의 죽음은 육체적인 죽음이 아니다. 이는 하나님과의 관계 단절을 가리키는 "영적 죽음"이다. 영적인 사망은 인간의 모든 관계를 왜곡시키고 결국 파멸로 이끈다. 영적인 사망(죄의 심판으로서의 죽음)은 미래에 맞이하게 될 육체적 사망(자연 질서로서의 죽음)의 선취적 경험이라고 할 수 있다.

---

9   김회권, 『하나님 나라 신학으로 읽는 모세오경』(서울: 복있는사람, 2017), 60.

4장
감히 여자가? 여자가 어때서?

"돕는 배필"(창 2:18)

구약성경에서 남자와 여자의 관계를 규정하는 본문 가운데 가장 대표적인 것은 창세기 2:18이라고 할 수 있다. 여기서 하나님은 "사람이 혼자 사는 것이 좋지 아니하니, 내가 그를 위하여 돕는 배필을 지으리라"라고 하신다. 하나님의 창조 과정에서 인간이 홀로 존재하는 것은 "좋지 않다"는 부정적인 평가를 받는다. 이는 전도서 저자가 말한 것과 유사하다.

> 9) 두 사람이 한 사람보다 나음은
> 그들이 수고함으로 좋은 상을 얻을 것임이라.
> 10) 혹시 그들이 넘어지면
> 하나가 그 동무를 붙들어 일으키려니와
> 홀로 있어 넘어지고
> 붙들어 일으킬 자가 없는 자에게는 화가 있으리라(전 4:9-10).

고대 히브리어에는 "독신"이라는 용어 자체가 없다. 당시 독신이라는 것은 거의 전례가 없는 일이었기 때문이다.[1] 독신이란 불행과 수치 혹

---

1   L. Köhler, *Hebrew Man* (London: SCM Press, 1956), 89; P. C. Craigie/P. H. Kelley/J. F.

은 자녀를 가질 수 없는 하나님의 심판으로 간주되었다(창 30:1; 삼상 1:5-7; 사 47:9; 호 9:14).[2] 하나님이 예언자 예레미야에게 독신의 삶을 명하신 것은 유다의 임박한 심판 앞에서 그의 아내와 자녀가 어차피 죽임 당할 것을 예상하고 이를 미리 방지한 배려가 아니라, 유다 백성을 향한 하나님의 임박한 심판을 삶으로 공개적으로 드러내는 재앙의 표시였다(렘 16:1-9). 구약성경은 인간이 타인과 더불어 사는 공동체적 존재임을 강조한다. 인간은 본질적으로 상호 교제하는 존재다.[3] 따라서 인간은 홀로 존재할 수 없고 상대가 절대적으로 필요하다.[4]

전통적으로 "돕는 배필"이라는 용어는 보통 여성의 종속성을 드러내는 본문으로 이해되어왔다. 그러나 이는 본문의 의도에서 벗어난 왜곡된 이해다. 여기서 "돕는 배필"에 해당하는 히브리어는 "에제르 크네그도"(עֵזֶר כְּנֶגְדּוֹ)이다. 이 단어는 우리말 성경에서 "돕는 배필"(개역개정), "돕는 사람, 곧 그에게 알맞은 짝"(새번역), "거들 짝"(공동번역개정)으로 번역되었다. 그러나 창세기 2:18의 본문을 히브리어 원어에 충실하게 번역하면 다음과 같다.

그 사람이 혼자 사는 것이 좋지 아니하여 그에 **상응하는 돕는 자**(עֵזֶר כְּנֶגְדּוֹ,

Drinkard, Jr., *Jeremiah 1-25* (Word Biblical Commentary; Dallas: Word Books, 1991), 216.

2 G. Wanke, *Jeremia. Teilband 1: Jeremia 1,1-25,14* (Zürcher Bibelkommentare; Zürich: Theologischer Verlag, 1995), 157.

3 J. C. Gertz, *Das erste Buch Mose(Genesis): Die Urgeschichte Gen 1-11* (Das Alte Testament Deutsch; Göttingen: Vandenhoeck & Ruprecht, 2018), 121.

4 A. Schüle, *Die Urgeschichte(Genesis 1-11)*, 68.

에제르 크네그도)를 지을 것이다(창 2:18).

먼저 우리말 번역은 수식 관계가 완전히 뒤바뀐 점이 수정되어야 한다. 원래는 "돕는 배필"이 아니라 "배필(כְּנֶגְדּוֹ, 크네그도)인 돕는 자(עֵזֶר, 에제르)", 더 정확히 말하면 "상응하는(כְּנֶגְדּוֹ, 크네그도) 돕는 자(עֵזֶר, 에제르)"가 바른 순서다.

    이 두 단어의 의미를 자세히 살펴보자. 먼저 "크네그도"는 전치사 "크"와 "네게드"가 결합된 단어다. 전치사 "네게드"는 주로 "앞에 있다"(in front of) 혹은 "마주보다"(in sight of, opposite to)의 뜻으로 쓰이며, "아래에 있다"는 개념으로는 어디에서도 사용되지 않는다. 이는 "동등하며 적합한 것"을 의미한다. 아담은 동물 가운데서 "그와 동등한 짝" 혹은 "그의 완전한 짝"을 찾을 수 없었다.

    아담이 모든 가축과 공중의 새와 들의 모든 짐승에게 이름을 주니라. 아담이 **돕는 배필이 없으므로**(창 2:20).

여기서 "아담이 돕는 배필이 없으므로"라는 표현을 원문에 충실하게 번역하면 "그(하나님)는 아담을 위한 돕는 배필(그에 상응하는 돕는 자)을 찾지 못했다"가 된다. 우리말 성경은 히브리어 동사 "찾다/발견하다"(מָצָא, 마차)를 번역하지 않았다. 하나님은 남자가 홀로 있는 것이 좋아 보이지 않자, 가축과 새와 짐승 가운데서 남자의 완전한 돕는 배필을 찾으셨지만 찾지 못했다. 그래서 그의 상대자로서 그의 몸에서 직접

여자를 창조하기로 계획하신다.[5] 짐승과 동물은 아담보다 열등한 위치에 있는 "미흡한 돕는 배필"이다. 이에 비해 여자는 "동등한 돕는 배필" 혹은 "완전한 돕는 배필"이다.[6] 배필(동반자)은 종속된 존재가 아니다. 동등하지 않으면 배필(동반자)이 될 수 없다.

또한 명사형 "에제르"(도움, 돕는 자)는 구약성경에서 총 19회 사용되며, 주로 이스라엘을 위한 하나님의 도움을 가리킨다.

하나의 이름은 엘리**에셀**(עֶזֶר, 에제르)이라. 이는 "내 아버지의 하나님이 나를 **도우사**(עֶזֶר, 에제르) 바로의 칼에서 구원하셨다" 함이더라(출 18:4).

유다에 대한 축복은 이러하니라 일렀으되
"여호와여 유다의 음성을 들으시고
그의 백성에게로 인도하시오며
그의 손으로 자기를 위하여 싸우게 하시고
주께서 **도우사**(עֶזֶר, 에제르)
그가 그 대적을 치게 하시기를 원하나이다"(신 33:7).

우리 영혼이 여호와를 바람이여.
그는 우리의 **도움**(עֶזֶר, 에제르)과 방패시로다(시 33:20).

---

5   이희학, 『인간의 죄악과 하나님의 구원행동: 창세기 1-11장의 신학』, 110.
6   이희학, 『인간의 죄악과 하나님의 구원행동: 창세기 1-11장의 신학』, 109.

나는 가난하고 궁핍하오니

하나님이여, 속히 내게 임하소서.

주는 나의 **도움**(עֵזֶר, 에제르)이시요 나를 건지시는 이시오니,

여호와여, 지체하지 마소서(시 70:5).

우리의 **도움**(עֵזֶר, 에제르)은

천지를 지으신 여호와의 이름에 있도다(시 124:8).

총 19회 가운데 겨우 3회만이 인간의 도움을 가리킨다. 또한 이 3회의
인간적 도움을 가리키는 용례 중에서도 1회는 강자가 약자에게 주는
군사적인 도움을 가리킨다.

그들이 다 자기를

유익하게 하지 못하는 민족으로 말미암아 수치를 당하리니

그 민족이 **돕지**(עֵזֶר, 에제르)도 못하며 유익하게도 못하고

수치가 되게 하며 수욕이 되게 할 뿐임이니라(사 30:5).

그리고 나머지 2회는 여자가 남자를 돕는다는 맥락에서 사용된다.

여호와 하나님이 이르시되 "사람이 혼자 사는 것이 좋지 아니하니, 내가

그를 위하여 **돕는**(עֵזֶר, 에제르) 배필을 지으리라" 하시니라(창 2:18).

아담이 모든 가축과 공중의 새와 들의 모든 짐승에게 이름을 주니라. 아

담이 **돕는**(עֵזֶר, 에제르) 배필이 없으므로(창 2:20).

이처럼 "에제르"가 하나님의 도움이나 강자의 군사적 도움을 뜻하는 용례로 사용되고 있음을 고려하면, 이 단어를 근거로 여자가 남자에게 종속되거나 남자보다 열등한 것으로 이해해서는 안 된다.

물론 도움을 받는 자보다 도움을 주는 자가 꼭 강해야 된다는 것은 아니다. 그러나 도움을 받는다는 것에는 자체적인 힘으로 충분하지 않다는 점이 내포되어 있음을 간과해서는 안 된다. 창세기 2장의 문맥은 남자만으로는 완전한 인간으로 살 수 없음을 강조하고 있다.

여자는 다른 피조물 가운데서 발견할 수 없는 유일한 동료이자 조력자다. "에제르 크네그도"라는 용어에는 여자가 남자에 비해 존재론적으로나 기능적으로 열등하다는 개념이 전혀 나타나지 않는다. 오히려 남녀 "상호 간의 밀접한 의존성"이 두드러진다. 첫 남자와 첫 여자는 이처럼 서로 동등하며 서로를 의지하고 도우면서 살도록 창조되었다. 즉, 남자와 여자는 "서로 다르지만 상호 동등하며"(different but equal) "어느 한쪽이 열등하지도 않고 상호 보충적"(not inferior but complimentary)이다. 둘은 서로의 필요를 채워주는 존재다. 서로의 부족을 메꿔줌으로써 상대의 실현을 돕는다.

이러한 이해에 따르면, 여자는 구조적으로 "깊은 사고, 이성이나 상상을 요구하는 모든 면에서 남자보다 열등하다"고 주장했던 찰스 다윈의 판단은 성경적으로 납득할 수 없는 편견이다. 여성에 대한 남성의 지배 역시 죄와 불순종 후에 시작된 뒤틀린 질서에 지나지 않는다.

또 여자에게 이르시되

"내가 네게 임신하는 고통을 크게 더하리니

네가 수고하고 자식을 낳을 것이며

너는 남편을 원하고

남편은 너를 다스릴 것이니라" 하시고(창 3:16).[7]

---

7   김회권, 『하나님 나라 신학으로 읽는 모세오경』, 67.

5장

죄를 다스리라니?

죄의 충동(창 4:7)

창세기 4장은 아담과 하와가 하나님의 명령에 불순종하여 에덴동산에서 쫓겨난 사건(창 3장) 이후의 삶을 다루고 있다. 아담과 하와는 하나님의 은혜로 가인을 얻게 된다.

> 아담이 그의 아내 하와와 동침하매 하와가 임신하여 가인을 낳고 이르되 "내가 여호와로 말미암아 득남하였다" 하니라(창 4:1).

하와의 감격적인 득남 선언은 심판 중에도 하나님의 자비가 철회되지 않음을 강조한다. 하나님의 자비로 아담의 가족은 하나님의 명령("생육하고 번성하라, 땅을 정복하라, 모든 생물을 다스리라", 창 1:28)을 실천하며 산다. 즉 하와는 자식을 낳고("생육하고 번성하라"), 가인은 농사를 짓고("땅을 정복하라"), 아벨은 양을 친다("생물을 다스리라"). 그 후 가인과 아벨은 어느덧 성장하여 하나님께 제사를 드리게 되었다. 이때 하나님이 아벨과 그의 제물은 열납하셨지만 가인과 그의 제물은 거절하셨다.

> 아벨은 자기도 양의 첫 새끼와 그 기름으로 드렸더니, 여호와께서 아벨과 그의 제물은 받으셨으나 가인과 그의 제물은 받지 아니하신지라. 가인이 몹시 분하여 안색이 변하니(창 4:4-5).

그러자 가인은 분노한다. 그의 분노의 대상이 하나님인지 아벨인지는 불명확하지만 자신과 자신의 재물을 하나님이 거절하셨다고 생각하여 격발된 분노임에는 틀림이 없다. 하나님은 왜 아벨의 제물은 받으시고 가인의 제물은 받지 않으셨을까? 하나님은 제물보다 사람을 먼저 살피시기 때문이다. 그분은 "사람과 그의 제물"을 받으신다. 하나님께는 제물보다 사람이 먼저이고 사람이 더 중요하다. 곧 하나님 앞에 서 있는 사람의 일상이 받으시기에 합당한지를 먼저 살핀 후, 그 사람 때문에 그의 제물을 함께 받으신다.[1]

가인의 일상적인 삶은 아벨의 삶과 같지 않았던 것으로 추정된다. 이는 가인의 분노에 대한 하나님의 격한 반응에 암시되어 있다. 6절에서 하나님은 가인에게 "네가 분하여 함은 어찌 됨이며 안색이 변함은 어찌 됨이냐?"라고 오히려 더 의아해하며 반문하신다. 여기서 히브리어 의문사 "람마"(לָמָּה, '왜, 어찌하여')가 두 번이나 반복 사용되고 있다. 이는 가인의 반응이 정당하지 못하다는 사실을 부각시킨다.[2] 가인과 그의 제물이 거부된 데는 정당한 이유가 있다는 것이다.

한편 하나님이 가인의 제물을 열납하지 않았다고 해서 그를 완전히 버리신 것은 아니다. 가인은 개인적으로는 이해할 수 없는 (오늘날 우리의 삶 속에서도 흔히 경험할 수 있는) 차별 대우를 잘 소화해야 하는 시험에 빠진 것뿐이다. 인생은 공평하지 않다. 인생은 논리로 설명되지 않는 불공평으로 이루어져 있다. 이것은 때로 하나님의 자의성에서 비롯

---

1   차준희, 『창세기 다시 보기』(서울: 대한기독교서회, 1998).
2   이희학, 『인간의 죄악과 하나님의 구원행동: 창세기 1-11장의 신학』, 155.

된 것일 수 있다.[3]

> 나는 은혜 베풀 자에게 은혜를 베풀고, 긍휼히 여길 자에게 긍휼을 베푸
> 느니라(출 33:19).

이러한 불공평을 받아들이지 못하는 데서 폭력이 발생한다. 그러나 하나님의 차별 대우가 곧 하나님의 거부하심을 뜻하는 것은 아니다.[4] 하나님은 가인이 몹시 화를 내며 얼굴을 떨어뜨린 것을 보신다.

> 여호와께서 가인에게 이르시되 "네가 분하여 함은 어찌 됨이며 안색이 변
> 함은 어찌 됨이냐?"(창 4:6)

하나님은 풀이 죽어 있는 가인을 위로하며 그가 잘못된 선택을 할 것을 우려하여 경고하신다.

> "네가 선을 행하면 어찌 낯을 들지 못하겠느냐? 선을 행하지 아니하면 죄
> 가 문에 엎드려 있느니라. 죄가 너를 원하나 너는 죄를 다스릴지니라"(창
> 4:7).

---

3 토마스 뢰머, 권유현/백운철 역, 『모호하신 하느님: 구약성경에 나타난 하느님의 잔인성, 성, 폭력(개정증보판)』(*Tu dir doch nicht selber weh*, 서울: 성서와함께, 2011), 147.
4 토마스 뢰머, 『모호하신 하느님: 구약성경에 나타난 하느님의 잔인성, 성, 폭력(개정증보판)』, 147.

6-7절 말씀은 너무 늦기 전에 위기에 처한 자식에게 퇴로를 알려주시는 아버지다운 말씀이다.[5]

사실 7절은 "창세기 본문 가운데서 해석하기가 가장 난해한 구절이다."[6] 또한 구약성경 중 이 구절에서 "죄"(חַטָּאת, 하타트)가 최초로 언급된다. 7절은 세 문장으로 구성되어 있는데, 첫 번째 문장은 "네가 선을 행하면 어찌 낯을 들지 못하겠느냐?"라는 질문이다. 이는 가인의 제사가 열납되지 못한 이유를 설명해준다. 제사를 드리기 전 가인의 일상생활이 제사에 합당하지 못했다는 것이다. 선한 삶을 살지 못하면서 드리는 제물(제사)은 그 사람을 하나님과 가깝게 할 수 없다. 제사를 드리는 사람과 바쳐진 제물이 분리되지 않고 동일시되기 때문에[7] 삶이 바르지 못하면 어떤 제물도 하나님께 열납되지 못한다.

두 번째 문장은 "선을 행하지 아니하면 죄가 문에 엎드려 있느니라"이다. "죄가 문에 엎드린다"는 표현은 구약 어느 곳에서도 두번 다시 언급되지 않는 독특한 것이다.[8] 고대 근동에서는 악령이 문지방 밑에 숨어서 출입하는 자의 발목을 잡아 넘어뜨린다고 생각하여 문지방을 밟지 않는 습관이 있었다.

그러므로 다곤의 제사장들이나 다곤의 신전에 들어가는 자는 오늘까지 아스돗에 있는 다곤의 **문지방을 밟지 아니하더라**(삼상 5:5).

---

5   게르하르트 폰 라트, 『창세기』(국제성서주석; 서울: 한국신학연구소, 1981), 112.

6   O. Procksch, *Die Genesis* (KAT; Leipzig: Deichert Scholl, 1924), 45.

7   김회권, 『하나님 나라 신학으로 읽는 모세오경』, 119.

8   이희학, 『인간의 죄악과 하나님의 구원행동: 창세기 1-11장의 신학』, 156.

그날에 **문턱을 뛰어넘어서**

포악과 거짓을 자기 주인의 집에 채운 자들을

내가 벌하리라(습 1:9).

여기서는 악령이 죄로 표현되고 죄의 세력이 인격화되었다. 죄가 인격
화되어 표현된 것은 이곳 외에 어디에서도 다시 찾아볼 수 없다.[9] 이 구
절의 의미는 "가인이 선한 일을 하지 않으면 죄가 맹수와 같이 가인의
문지방에 숨어서 그를 넘어뜨리려고 달려들 것이다"라는 뜻이다.[10] 사
람은 선행이 그치면 죄의 지배를 받는다.

　　세 번째 문장은 "죄가 너를 원하나 너는 죄를 다스릴지니라"이다.
여기서 "원함"은 히브리어로 "트슈카"라는 명사다. 이는 구약성경에서
이곳 본문과 창세기 3:16, 아가 7:10의 세 부분에서만 사용된다.

너는 남편을 **원하고**(תְּשׁוּקָה, 트슈카)

남편은 너를 다스릴 것이니라(창 3:16).

나는 내 사랑하는 자에게 속하였도다.

그가 나를 **사모**(תְּשׁוּקָה, 트슈카)하는구나(아 7:10)

"트슈카"는 본래 "그리움" 혹은 "열망"을 의미한다. 아가 본문에서는

9　박종구, 『사람아, 너 어디 있느냐? 창세기 1-11장: 인간의 미래』(서울: 서강대학교,
　　2007), 328.
10　이희학, 『인간의 죄악과 하나님의 구원행동: 창세기 1-11장의 신학』, 156.

이 단어가 긍정적 의미로 사용된 반면 창세기 3:16에서는 부정적 의미로 사용되어 남편을 "자기 마음대로 조종하고 싶은 열정적인 마음"을 가리켰다. 공동번역에서는 "남편을 마음대로 주무르고 싶겠지만"으로 적절하게 의역되었다. 창세기 4:7에서도 이 단어는 부정적으로 쓰였다. 여기서 죄는 "내적인 충동"이나 자극을 넘어서, 사람의 밖이나 위에 있으면서 탐욕스럽게 사람을 사로잡으려고 하는 "객관적 세력"으로 묘사되었다.[11] 이 문장은 마음속에서 불타오르며 외부에서도 호시탐탐 노리고 있는 죄의 강렬한 유혹을 물리쳐야 한다고 강력히 경고하고 있다. 즉, 7절의 마지막 문장은 죄의 내면적 충동과 외면적 유혹을 지배해야 한다는 자비로운 하나님의 경고다.

이처럼 하나님은 가인을 향하여 죄의 내적 충동과 외적 유혹을 억제하고 그 죄를 다스리라고 "경고"하신다. 가인(인간)은 죄를 지배하고 억눌러야 한다. 가인(인간)에게는 죄에 이끌릴 가능성만이 아니라 그것에 대항하거나 그것을 다스릴 능력이 주어져 있다.[12] 가인(인간)은 자신의 죄에 대한 책임을 면할 수 없다. 경고 후에 취하는 행동에 대해서는 가인 스스로 전적인 책임을 져야 한다. 따라서 이 말씀은 가인이 궁극적으로 버림받지 않게 하시려는 하나님의 애타는 사랑의 심정이 담긴 경고의 말씀이다. 우리말 성경에 생략된 7절의 첫 단어 "할로"(הֲלוֹא, '그렇지 않느냐')에는 가인에게 동의를 구걸하듯 촉구하시는 하나님의 절박한 심정이 담겨 있다. 하나님의 호소가 오늘도 메아리친다.

---

11 게르하르트 폰 라트, 『창세기』, 113.
12 정현진, 『다시 시작이다: 창세기 원역사와 손잡고 거닐기 (1)』(서울: 바이북스, 2018), 319.

"가인(인간)아, 그렇지 않느냐!
제발 네 안에 불타는 죄의 충동과
외적인 죄의 유혹을 다스려다오.
제발 선을 행함으로 죄의 지배에서 벗어나 다오."

너희는 성령을 따라 행하라. 그리하면 육체의 욕심을 이루지 아니하리라
(갈 5:16).

6장

하나님도 후회하신다고?

"사람 지으셨음을 한탄하사"(창 6:6)

창세기 6:6에는 "[여호와께서] 땅 위에 사람 지으셨음을 한탄하사 마음에 근심하시고"라는 표현이 나온다. 하나님이 한탄하고 근심하신다. 여기서 "한탄하다"라는 동사는 히브리어 동사 "나함"을 번역한 것이다. 이 동사의 뜻은 본래 "후회하다"(repent)라는 의미다. 하나님이 후회하시다니 이것을 어떻게 이해해야 할까? 알렉산드리아의 필론(Philo of Alexandria)은 "하나님께서 후회하실 수 있다고 말하는 것은 신을 모독하는 것"이라고 하였다.[1] 또한 민수기 23:19은 "하나님은 사람이 아니시니 거짓말을 하지 않으시고, 인생이 아니시니 **후회**(נחם, 나함)가 없으시도다"라고 기록하고 있다. 사무엘상 15장은 하나님의 후회에 대하여 서로 상반된 입장을 드러내고 있다. 11절과 35절에서는 "여호와께서 사울을 왕으로 삼은 것을 **후회하셨다**(נחם, 나함)"고 하고, 29절에서는 "여호와는 **후회할 수**(נחם, 나함) 있는 분이 아니다"라고 진술하고 있다. 통계적으로 본다면 구약성경에는 "인간의 후회"보다 "하나님의 후회"라는 표현이 열 배나 더 자주 등장한다.[2]

이 하나님의 후회라는 표상(表象)은 고대 근동의 종교에서 나타나

---

1   요륵 예레미야스, 채홍식 역, 『하나님의 후회: 구약성서의 하나님 이해』(*Die Reue Gottes: Aspekte alttestamentlicher Gottesvorstellung*, 서울: 대한기독교서회, 2002), 15.

2   요륵 예레미야스, 『하나님의 후회: 구약성서의 하나님 이해』, 17.

지 않는 독특한 현상이다.[3] 구약성경에서 하나님의 후회는 하나님과 그 백성 사이의 근본적 전환점을 표현하는 신학적 진술이다.[4] 하나님의 후회는 새로운 행동을 시작하기 위한 결단의 순간이 임박했음을 알려준다. 즉, 이전과 전혀 다른 하나님의 통치 방식이 시작됨을 알리는 신호탄이다.

구약성경에서 하나님의 후회라는 표상이 처음 등장하는 본문은 창세기 6:6이다. 여기서 사용된 히브리어 동사 "나함"(니팔형과 히트파엘형)은 사전적으로 "후회하다"와 "어떤 사람에 대해 고통스러워하다/측은해하다"라는 뜻이다.

> 이스라엘 자손이 그들의 형제 베냐민을 위하여 **뉘우쳐**(נחם, 나함) 이르되 "오늘 이스라엘 중에 한 지파가 끊어졌도다"(삿 21:6).

> 백성들이 베냐민을 위하여 **뉘우쳤으니**(נחם, 나함), 이는 여호와께서 이스라엘 지파들 중에 한 지파가 빠지게 하셨음이었더라(삿 21:15).

그런데 단어의 뜻을 판단할 때는 사전적 의미보다 문맥적 의미가 우선이므로, 이 단어가 쓰인 문맥에 주목해보자. "하나님이 한탄(후회)하시고 마음에 근심하셨다"는 문맥에서 후회와 근심은 평행구를 이루어 동의어로 사용된다는 것을 알 수 있다. "근심하다"의 히브리어 어근은

---

3   요룩 예레미야스, 『하나님의 후회: 구약성서의 하나님 이해』, 16.
4   요룩 예레미야스, 『하나님의 후회: 구약성서의 하나님 이해』, 18.

"아차브"이며 이 단어는 인간 감정의 가장 격렬하고 쓰라린 형태, 즉 분노와 쓰라린 고통이 뒤섞인 심정을 표현한다. 예를 들어 디나가 성폭행을 당한 뒤 디나 오빠들의 심정이 그러했다.

> 야곱의 아들들은 들에서 이를 듣고 돌아와서 그들 모두가 **근심하고**(עצב, 아차브) 심히 노하였으니, 이는 세겜이 야곱의 딸을 강간하여 이스라엘에게 부끄러운 일 곧 행하지 못할 일을 행하였음이더라(창 34:7).

사울이 다윗을 죽이려고 계획한다는 것을 알았을 때 요나단의 심정이 그러했다.

> 33) 사울이 요나단에게 단창을 던져 죽이려 한지라. 요나단이 그의 아버지가 다윗을 죽이기로 결심한 줄 알고 34) 심히 노하여 식탁에서 떠나고 그 달의 둘째 날에는 먹지 아니하였으니, 이는 그의 아버지가 다윗을 욕되게 하였으므로 다윗을 위하여 **슬퍼함**(עצב, 아차브)이었더라(삼상 20:33-34).

또한 압살롬의 죽음을 들었을 때 다윗도 같은 반응을 보였다.

> 왕이 그 아들을 위하여 **슬퍼한다**(עצב, 아차브) 함이 그날에 백성들에게 들리매, 그날의 승리가 모든 백성에게 슬픔이 된지라(삼하 19:2).

남편에게 버림을 당한 아내도 그런 심정이 된다.

여호와께서 너를 부르시되 마치 버림을 받아 마음에 **근심하는**(עֲצוּבַת, 아차브) 아내, 곧 어릴 때에 아내가 되었다가 버림을 받은 자에게 함과 같이 하실 것임이라. 네 하나님께서 말씀하셨느니라(사 54:6).

따라서 창세기 6:6의 문맥에서 "나함"은 "고통스러워하다"라는 의미로 쓰인 것으로 보인다. 따라서 우리말 번역인 "한탄"은 적절한 번역이라고 할 수 있다. 하나님은 원래의 창조 목적에서 벗어나 살고 있는 인간의 죄악된 모습에 심히 슬퍼하고 애통해하신 것이다.

여호와께서 사람의 죄악이 세상에 가득함과 그의 마음으로 생각하는 모든 계획이 항상 악할 뿐임을 보시고(창 6:5).

하나님의 한탄(후회)은 하나님에게 인간의 감정을 이입해 하나님의 역사 행위를 설명하는 일종의 신인동감론(神人同感論, anthropopathism)적 표현이다.[5] 구약성경에 나타난 하나님에 대한 인간적이고 직관적인 표현들은 결코 하나님을 인간과 같은 수준으로 끌어내리는 것이 아니다. 오히려 인간이 하나님께 더 잘 접근할 수 있도록 하려는 표현이다. 그러한 표현들은 하나님을 인격적으로 나타냄으로써 하나님을 정적이고 무관심한 추상적 관념으로 보는 오류를 방지한다.

하나님은 초월(transcendence, 하나님의 불변성)과 내재(immanence, 하

---

5   N. M. Sarna, *Genesis* (The JPS Torah Commentary; Philadelphia: Jewish Publication Society, 1989) 47.

나님의 가변성)가 동시에 가능한 분이다. 하나님은 초월자로서 전지 (omniscient) 전능(omnipotent)하지만, 동시에 내재자로서 인격적(personal) 이기도 하다. 인격적인 하나님은 인간의 우발적 행동에 놀라고 당황하는 분이다.[6] 즉 하나님은 인격적이고 의지로 가득한 분으로서, 인간과의 논쟁을 마다하지 않으시고 인간에게 자신을 알리려 하시고 인간의 죄에 대해 충격을 받기도 하시며, 인간의 애절한 기도와 인간의 죄로 인한 눈물에 기꺼이 마음을 여시는 분이다. 한마디로 말해 하나님은 살아 계신 하나님이다.[7]

하나님의 한탄과 근심이라는 강한 심정적 동요는 그분이 홍수 심판처럼 모든 생명을 멸절하는 등의 중대한 결정을 방관자적이고 냉정한 무관심 속에서 하지 않았음을 암시한다.[8] 하나님은 인간에 대해 극도의 애정과 관심을 갖고 있는 분이지, 무자비하거나 잔인한 심판자가 아니라는 것이다. 인간의 죄악으로 인한 하나님의 홍수 심판은 하나님에게도 엄청난 고통을 안겨주었으며, 그러한 하나님의 심판은 그 자체가 최종적인 행위는 아니었다. 하나님은 심판 이후를 계획하신다.

그러나 노아는 여호와께 은혜를 입었더라(창 6:8).

하나님의 후회는 심판으로 끝나지 않고 새로운 구원과 결합된다. 하나

---

6   김회권, 『하나님 나라 신학으로 읽는 모세오경』, 135.
7   L. Köhler, *Theologie des Alten Testaments* (Tübingen: Mohr Siebeck, ³1953), 6.
8   게르하르트 폰 라트, 『창세기』, 127; 차준희, 『창세기 다시 보기』(서울: 대한기독교서회, 1998), 54.

님은 "사람의 마음으로 생각하는 모든 계획이 항상 악할 뿐임을 보시고"(창 6:5) 대홍수의 심판을 결단하고 집행하신다. 그런데 같은 하나님이 홍수 심판 이후에는 "사람의 마음이 계획하는 바가 어려서부터 악함"을 아시고 더 이상의 심판을 하지 않기로 결단하신다.

> 21) 여호와께서 그 향기를 받으시고 그 중심에 이르시되 "내가 다시는 사람으로 말미암아 땅을 저주하지 아니하리니, 이는 **사람의 마음이 계획하는 바가 어려서부터 악함이라.** 내가 전에 행한 것 같이 모든 생물을 다시 멸하지 아니하리니, 22) 땅이 있을 동안에는 심음과 거둠과 추위와 더위와 여름과 겨울과 낮과 밤이 쉬지 아니하리라"(창 8:21-22).

인간의 죄가 과거(대홍수 이전)에는 "심판 집행의 근거"가 되었는데, 여기서는 "심판 포기의 근거"가 된다.[9] 하나님의 공의가 세상과 인간을 향한 자비와 사랑에 의해 종말의 날까지 연기되는 획기적인 변화가 발생한 것이다. 결국 이 "하나님의 유턴"이 인류를 지금까지 존속시키고 있다.

신학적으로 보면 하나님의 한탄과 근심은 인간의 죄에 대해 분노하시는 하나님의 정의로운 반응이면서 동시에 하나님이 창조하신 인간에 대한 새로운 구원 계획을 수립하게 하는 동인(動因)이 된다.[10] 하나님의 한탄과 근심은 홍수 심판 속에서도 새롭게 싹트는 인간 보존의 가능성을 시사하고 있다. 하나님의 후회는 결국 우리에게 새로운 살 길을

---

9   차준희, 『모세오경 바로 읽기: 차준희 교수의 평신도를 위한 구약특강』(서울: 성서유니온, 2013), 48-49.

10   이희학, 『인간의 죄악과 하나님의 구원행동: 창세기 1-11장의 신학』, 215.

열어준다. 하나님이 후회하셔서 우리가 살 수 있는 것이다. 하나님이 후회하지 않으셨다면 우리는 이미 다 죽었을 것이다. 하나님의 후회야 말로 생명을 살리는 길이다.

7장

동물도 언약의 파트너라고?

"땅의 모든 생물 사이의 영원한 언약"(창 9:16)

창세기 9:16에는 "무지개가 구름 사이에 있으리니, 내가 보고 나 하나님과 모든 육체를 가진 땅의 모든 생물 사이의 영원한 언약을 기억하리라"라는 표현이 나오는데 이를 보통 "노아의 언약"이라고 한다. 하나님은 대홍수 사건 이후 노아와 언약을 맺으셨다. 그리고 이때 언약의 증거로 무지개를 내세우신다.

언약의 증거로 주어진 무지개는 히브리어로 "케쉐트"이다. 이 단어는 원래 "활"을 의미하는 것으로 일종의 무기를 뜻했다.

> 그런즉 네 기구, 곧 화살통과 **활**(קֶשֶׁת, 케쉐트)을 가지고 들에 가서 나를 위하여 사냥하여(창 27:3).

> 그들의 화살은 날카롭고 모든 **활**(קֶשֶׁת, 케쉐트)은 당겨졌으며, 그들의 말굽은 부싯돌 같고 병거 바퀴는 회오리바람 같을 것이며(사 5:28).

고대인들은 무지개를 태풍의 신이 그의 원수를 물리친 후 하늘에 걸어 놓은 활로 생각했다. 이 무기는 고대 신화에서도 자주 등장한다. 바빌로니아의 창조 신화인 에누마 엘리쉬(Enuma Elisch)와 같은 신화에서 활은 신들의 매우 중요한 전쟁 무기로서 그들이 태초에 혼돈과 무질서를

물리칠 때 사용한 것으로 나온다.[1] 이처럼 고대 사회에서 신의 호전성
과 적대감을 상징하던 것이, 여기서는 놀랍게도 하나님과 인간의 화해
를 표시하는 것으로 나타난다.[2] 이때 무지개는 하나님이 더 이상 인류
와 싸우지 않기 위해 그분의 활을 하늘에 걸어둔 것으로 이해된다. 다
시 말해 "하늘과 땅 사이에 길게 뻗은 무지개는 양자 사이를 묶는 평화
의 띠다. 또한 지평선을 둘러치고 있는 무지개는 모든 것을 감싸는 신
적 자비의 보편성을 지시한다."[3] 여기서 무지개는 하나님이 인간에게
하신 약속을 하나님 자신에게 재확인시키는 표징의 역할을 한다.

> 무지개가 구름 사이에 있으리니, 내가 보고 나 하나님과 모든 육체를 가
> 진 땅의 모든 생물 사이의 영원한 언약을 기억하리라(창 9:16).

여기서 "내 언약을 기억하리니(자카르)"라는 표현은 창세기 9:14-15에
서도 반복된다.

> 14) 내가 구름으로 땅을 덮을 때에 무지개가 구름 속에 나타나면 15) 내
> 가 나와 너희와 및 육체를 가진 모든 생물 사이의 **내 언약을 기억하리니**
> (זָכַר, 자카르), 다시는 물이 모든 육체를 멸하는 홍수가 되지 아니할지라
> (창 9:14-15).

---

1   이희학, 『인간의 죄악과 하나님의 구원행동: 창세기 1-11장의 신학』, 249.
2   M. G. Kline, *Kingdom Prologue* (Hamilton: Meredith Kline, 1993), 152.
3   F. Delitzsch, trans. S. Taylor, *A New Commentary on Genesis* (Edinburgh: T. & T. Clark,
    1899), 2:290. 브루스 K. 월키/캐시 J. 프레드릭스, 김경열 역, 『창세기 주석』(*Genesis*, 서
    울: 새물결플러스, 2018, 254에서 재인용.

창세기 8:1에 따르면, 홍수가 절정에 달했을 때 하나님은 노아를 기억하셨다(זכר, 자카르).

> 하나님이 노아와 그와 함께 방주에 있는 모든 들짐승과 가축을 **기억하사**
> (זכר, 자카르) 하나님이 바람을 땅 위에 불게 하시매 물이 줄어들었고(창
> 8:1).

그 이후 하나님은 땅 위에 바람이 불게 하여 홍수의 물을 감하셨다. "하나님의 기억하심"은 미래에 대한 구원 약속을 이끄는 직접적 동인(動因)이 된다. 하나님이 자신의 언약을 기억하실 것이기 때문에, 노아 시대에 발생하여 인류를 멸망으로 몰아넣은 대홍수는 역사 속에서 다시 되풀이되지 않을 것이다.

한편 언약 체결은 쌍방의 관계를 새로운 법적 기반 위에 세워놓음으로써 두 집단이나 두 개인 사이의 혼란하거나 불투명한 법적 관계를 분명히 하는 데 목적이 있다. 이를 위해 언약 당사자들은 쌍방이 각자의 의무를 나누어 지는 것이 상식이다. 이런 상식을 기초로 생각하면 노아의 무지개 언약은 매우 독특한 경우에 속한다. 언약 체결의 당사자인 노아 측의 순응에 대한 고백이 없는 일방적인 언약이며, 무조건적 구원의 약속을 담고 있는 언약이기 때문이다. 또한 언약의 보증이 하늘과 땅 사이에 있는 무지개라는 점도 독특하다. 더욱 새로운 점은 노아의 무지개 언약이 "모든 인류와 맺은 언약"이라는 점이다. 하나님은 노아와 그의 후손, 그리고 이 땅의 모든 생물과 언약을 체결하신 것이다.

내가 **너희**와 언약을 세우리니 다시는 **모든 생물**을 홍수로 멸하지 아니할 것이라. **땅**을 멸할 홍수가 다시 있지 아니하리라(창 9:11).

하나님의 첫 언약은 이스라엘과 하신 것이 아니며, 심지어 인류하고만 하신 것도 아니다. 이 땅 자체와 하셨다.[4] 하나님의 첫 언약은 땅 위의 생명(모든 동물)을 보존하겠다는 자유롭고 절대 주권적인 의지 표명이요 무조건적인 약속이다. 하나님은 은혜의 의지를 가시화함으로써, 혼돈의 힘에 놀란 인류가 하나님께서 이 시대를 보존하기 위하여 그의 질서의 존립을 보장하신다는 새로운 확신을 갖게 하신다.[5] 이는 어떤 파국이나 인간의 부패나 잘못 혹은 반역에 의해서도 깨어질 수 없는 무조건적인 하나님의 긍정, 즉 모든 생명에 대한 하나님의 긍정을 보여준다. 하나님의 약속은 세상이 존재하는 한 반석처럼 확실한 것이다.[6]

그런데 여기서 더욱 이채로운 점은 언약의 파트너 가운데 동물도 포함되어 있다는 것이다.

9) 내가 내 언약을 너희와 너희 후손과 10) 너희와 함께 한 **모든 생물, 곧 너희와 함께 한 새와 가축과 땅의 모든 생물에게 세우리니** 방주에서 나온 모든 것, 곧 땅의 모든 짐승에게니라(창 9:9-10).

---

4   엘런 F. 데이비스, 양혜원 역, 『하나님의 진심: 구약 성경, 천천히 다시 읽기』(*Getting Involved with God*, 서울: 복있는사람, 2017), 61.
5   게르하르트 폰 라트, 『창세기』, 144.
6   C. Westermann, *Genesis*, 633-634.

암수로 짝을 이뤄 노아의 방주에 탑승한 짐승들은 하나님께 드릴 희생 제물만도 아니었고 인간의 비상식량으로 모은 것도 아니었다. 노아의 가족과 함께 하나님의 집적적인 호명(呼名)을 받아 권리를 가지고 탑승한 것이었다. 동물들도 입장권을 소지한 방주의 당당한 탑승객이었다. 이는 "최초의 멸종 위기종 보호법"이라고 할 수 있다.

> 의인은 자기의 가축의 생명을 돌보나
> 악인의 긍휼은 잔인이니라(잠 12:10).

지금까지 인간은 동물을 짐승으로만 취급해왔다. 세상을 인간 중심적으로만 생각한 나머지 동물도 인간과 더불어 하나님의 창조물 동기생임을 망각해왔다. 하지만 하나님은 예컨대 니느웨 사람뿐 아니라 그곳의 가축들까지도 아끼는 분이다.

> "하물며 이 큰 성읍 니느웨에는 좌우를 분변하지 못하는 자가 십이만여 명이요 **가축도** 많이 있나니, 내가 어찌 아끼지 아니하겠느냐?" 하시니라 (욘 4:11).

성경에서 동물은 명예로운 역할을 담당한다. 하나님이 최초의 사람을 위해 돕는 배필을 찾으실 때 동물들 가운데서 가장 먼저 물색하셨다.

> 그 사람이 그 모든 가축과 그 하늘의 새와 그 모든 들짐승의 이름을 불렀다. 그러나 **사람(아담)을 위하여 (그 가운데서) 그의 돕는 배필을 찾을 수**

없었다(창 2:20, 저자의 번역)

동물은 인간의 동반자로 처음 물망에 올라 본래 1순위 후보였던 피조물이다. 동물은 또한 종말론적 시기에도 동참하는 존재다.

> 6) 그때에 이리가 어린 양과 함께 살며
> 표범이 어린 염소와 함께 누우며
> 송아지와 어린 사자와 살진 짐승이 함께 있어 어린 아이에게 끌리며
> 7) 암소와 곰이 함께 먹으며
> 그것들의 새끼가 함께 엎드리며
> 사자가 소처럼 풀을 먹을 것이며
> 8) 젖 먹는 아이가 독사의 구멍에서 장난하며
> 젖 뗀 어린 아이가 독사의 굴에 손을 넣을 것이라.
> 9) 내 거룩한 산 모든 곳에서
> 해 됨도 없고 상함도 없을 것이니,
> 이는 물이 바다를 덮음 같이
> 여호와를 아는 지식이 세상에 충만할 것임이니라(사 11:6-9).

심지어 동물은 회개도 할 수 있다.[7]

7　빅터 해밀턴, 임요한 역, 『창세기(1): 창 1-17장』(NICOT; 서울: 부흥과개혁사, 2016), 354.

7) 왕과 그의 대신들이 조서를 내려 니느웨에 선포하여 이르되 "사람이나 짐승이나 소 떼나 양 떼나 아무것도 입에 대지 말지니, 곧 먹지도 말 것이요 물도 마시지 말 것이며, 8) **사람이든지 짐승이든지 다 굵은 베 옷을 입을 것이요, 힘써 하나님께 부르짖을 것이며,** 각기 악한 길과 손으로 행한 강포에서 떠날 것이라"(욘 3:7-8).

하나님의 구원 대상은 동물을 포함한 이 땅의 모든 생물과 그분이 창조하신 온 세상이다.

주의 의는 하나님의 산들과 같고
주의 심판은 큰 바다와 같으니이다.
여호와여, 주는 사람과 짐승을 구하여 주시나이다(시 36:6).

19) 아버지께서는 모든 충만으로 예수 안에 거하게 하시고 20) 그의 십자가의 피로 화평을 이루사 **만물 곧 땅에 있는 것들이나 하늘에 있는 것들**이 그로 말미암아 자기와 화목하게 되기를 기뻐하심이라(골 1:19-20).

이런 면에서 노아의 무지개 언약은 "생태학적 언약"(ecological covenant)이라고 할 수 있다.[8] 이미 수천 년 전에 21세기의 전 지구적 과제인 생태학 문제를 다루고 있음이 놀라울 따름이다.

---

8   버나드 W. 앤더슨, 최종진 역, 『구약신학』(*Contours of Old Testament Theology*, 서울: 한들출판사, 2012).

8장
아비의 죄 때문에 아들이 저주받는다고?
"가나안은 저주를 받아"(창 9:25)

창세기 9:18-27은 대홍수 이후 벌어진 노아와 그의 세 아들 셈, 함, 야 벳에 대한 저주와 축복 사건을 다룬다. 이 본문에서 가장 이해하기 어려운 것은, 죄는 아버지 함이 짓고 그에 따른 저주는 함의 아들 가나안 이 받는다는 점이다. 이러한 모순을 어떻게 이해해야 할까? 성경은 조상이 지은 죄의 결과를 자손이 받는 것을 분명히 반대하고 있다.

아버지는 그 자식들로 말미암아 죽임을 당하지 않을 것이요 자식들은 그 아버지로 말미암아 죽임을 당하지 않을 것이니, 각 사람은 자기 죄로 말미암아 죽임을 당할 것이니라(신 24:16).

29) 그때에 그들이 말하기를 다시는 "아버지가 신 포도를 먹었으므로 아 들들의 이가 시다" 하지 아니하겠고, 30) 신 포도를 먹는 자마다 그의 이 가 신 것 같이 누구나 자기의 죄악으로 말미암아 죽으리라(렘 31:29-30).

2) 너희가 이스라엘 땅에 관한 속담에 이르기를 "아버지가 신 포도를 먹 었으므로 그의 아들의 이가 시다"고 함은 어찌 됨이냐? 3) 주 여호와의 말씀이니라. 내가 나의 삶을 두고 맹세하노니 너희가 이스라엘 가운데에 서 다시는 이 속담을 쓰지 못하게 되리라. 4) 모든 영혼이 다 내게 속한지

라. 아버지의 영혼이 내게 속함 같이 그의 아들의 영혼도 내게 속하였나니, 범죄하는 그 영혼은 죽으리라(겔 18:2-4).

따라서 가나안의 저주는 함의 죄 때문이 아니라 그 자신이 함처럼 행했기 때문이다. 즉, 가나안 자신도 아버지 함과 같은 죄를 범했기 때문에 저주받은 것이다.[1] 가나안에 대한 노아의 저주는 가나안 족속의 죄악에 대한 하나님의 형벌을 나타내며, 그들의 선조 함은 그것을 예시하고 있는 것이다.[2]

또한 유대 랍비들의 견해에 따르면(Bereshith Rabba), 노아가 이미 하나님의 복이 선언된 아들에 대해서는("하나님이 노아와 그 아들들에게 복을 주시며 그들에게 이르시되 '생육하고 번성하여 땅에 충만하라'", 창 9:1) 저주를 퍼부을 수 없었기 때문에 함 대신 그의 막내아들 가나안("함의 아들은 구스와 미스라임과 붓과 가나안이요", 창 10:6)을 저주한 것이라고 한다.[3]

이 본문에 대해 또 다른 해석을 시도해보자면, 사실 셈, 함, 야벳은 고대 팔레스타인 지역에 살았던 대표적인 세 종족의 시조다.[4] 개괄적으로 말해서 야벳은 인도-유럽 계열 사람들의 조상이고(창 10:2-5), 함은 이집트 사람(창 10:13-14)을 포함한 아프리카 사람들의 조상이다(창 10:6-12). 함의 아들 가운데 막내인 가나안은 가나안 땅에 정착한 초

---

1   U. Cassuto, *A Commentary on the Book of Genesis. Part 2: From Noah to Abraham*, Translated by I. Abrahams (Jerusalem: Magnes, 1964), 154-155.
2   고든 웬함, 박영호 역, 『창세기(상)』(WBC 성경주석; 서울: 솔로몬, 2001), 382.
3   김지찬, 『너와 네 온 집은 방주로 들어가라: 노아 언약의 신학적 이해』(서울: 생명의말씀사, 2019), 571.
4   이희학, 『인간의 죄악과 하나님의 구원행동: 창세기 1-11장의 신학』, 255.

기 원주민의 조상이며(창 10:15-20) 셈은 히브리 사람들을 포함한 셈족의 조상으로 일컬어진다(창 10:21-31). 그런데 이 해석에서 주의할 점이 있다. 네덜란드 개혁 장로교회처럼 이 본문에서 흑인종(함)이 백인종(야벳)의 지배를 받는 것은 성경적으로 마땅하다는 식의 이론을 이끌어낸다면 이는 잘못된 해석이다.[5] 이 본문의 의도는 한 인종이 타인종을 지배하는 것을 정당화하는 것이 아니기 때문이다.

고대 팔레스타인 지역에 거주했던 민족 가운데 셈족의 후예인 이스라엘에게 직접적으로 영향을 준 주요 민족은 그곳의 원주민이었던 가나안 민족, 그리고 이스라엘과 비슷한 시기에 그곳에 정착한 블레셋 민족이었다. 구약성경의 기록에 의하면 가나안은 함의 넷째 아들이었다.

함의 아들은 구스와 미스라임과 붓과 가나안이요(창 10:6).

야벳이 누구를 지칭하는지에 대해서는 논란이 많지만, 아마도 블레셋 민족을 포함하여 지중해 지역에 살고 있던 해양 민족(sea people)을 지칭하는 것으로 보인다.[6] 따라서 이 단락은 이스라엘에게 중요한 민족인 가나안 및 블레셋과 이스라엘의 관계를 기원론(Ätiologie)적으로 설명해 주는 역할을 한다. 기원론(起源論)이란 현재 상황의 기원이 되는 역사적 사건을 통해 현재의 상황을 설명하는 방식이다.

가나안 민족은 오래전부터 가나안 땅에서 살았던 사람들인데, 기

---

5   김회권, 『하나님 나라 신학으로 읽는 모세오경』, 151.
6   게르하르트 폰 라트, 『창세기』, 148; G. Rice, "The Curse That Never Was(Gen 9:18-27)," *JRT* 29 (1972), 14-17.

원전 13세기경 뒤늦게 팔레스타인에 들어온 이스라엘과 블레셋에게 정복당하고 굴복했다. 가나안의 저주에 관한 본문은 본토민이었던 가나안 민족의 무력함과 굴복을 기원론적으로 설명한 것이다. 대체 무슨 일이 있었기에 본토민이 이주민에게 허망하게 무너졌는가라는 질문에 예언의 형식으로 답을 준 것이다.

가나안의 조상인 함은 다른 형제와 달리 아버지에 대한 자식의 의무를 저버리는 죄를 범한다. 이런 함의 행동은 특히 당시에 중요한 가치로 여겨진 수치 및 명예와 결부된 심각한 문제였다.

> 가나안의 아버지 함이 그의 아버지의 하체를 보고 밖으로 나가서 그의 두 형제에게 알리매(창 9:22).

여기서 "보고"(רָאָה, 라아)는 악의 없는 우연한 목격이 아닌 "(자세히) 관찰하다"를 의미한다.[7]

> 내가 햇볕에 쬐어서 거무스름할지라도
> **흘겨보지**(רָאָה, 라아) 말 것은
> 내 어머니의 아들들이
> 나에게 노하여 포도원지기로 삼았음이라.
> 나의 포도원을 내가 지키지 못하였구나(아 1:6).

---

7   브루스 K. 월키/캐시 J. 프레드릭스, 『창세기 주석』, 259.

누군가의 하체를 보고 그 사실을 공개적으로 알리는 것은 한 인간의 명예와 품위를 심각하게 손상하는 중대한 범죄 행위다.[8] 더군다나 그 대상이 아버지였다는 사실은 함의 행실이 신중치 못함을 넘어서 심각한 범죄에 가까웠음을 의미한다. 이는 함의 형제인 셈과 야벳이 아버지의 벌거벗은 모습 보는 것을 피하려고 애쓴 것과는 매우 대조적이다.

> 셈과 야벳이 옷을 가져다가 자기들의 어깨에 메고 뒷걸음쳐 들어가서 그들의 아버지의 하체를 덮었으며, 그들이 얼굴을 돌이키고 그들의 아버지의 하체를 보지 아니하였더라(창 9:23).

우가리트 지역에서 나온 아카트 서사시(Epic of Aqhat)의 내용에 의하면, 술에 취한 채로 잔치에서 돌아오는 아버지를 돕는 등 술을 마셨을 때 아버지를 보호해주는 것은 아들의 의무 사항이다.[9] 당시 부모에 대한 자식의 책임 포기는 사회적 아노미(anomy) 현상의 근원에 해당하는 중죄로 간주되었다.

> 자기 아버지나 어머니를 치는 자는 반드시 죽일지니라(출 21:15).
> 자기의 아버지나 어머니를 저주하는 자는 반드시 죽일지니라(출 21:17).

---

8   J. C. Gertz, *Das erste Buch Mose(Genesis): Die Urgeschichte Gen 1-11* (Das Alte Testament Deutsch; Göttingen: Vandenhoeck & Ruprecht, 2018), 293.

9   J. B. Pritchard(ed.), *Ancient Near Eastern Texts: Relating to the Old Testament* (Princeton: Princeton University Press, 1969), 150.

이로 인해 저주받은 함의 후손은 축복받은 셈의 후손과 야벳의 후손에게 예속당하는 비극적 운명에 처하게 되었다는 것이다.

> 25) 이에 이르되
> "가나안은 저주를 받아
> 그의 형제의 종들의 종이 되기를 원하노라" 하고,
> 26) 또 이르되
> "셈의 하나님 여호와를 찬송하리로다.
> 가나안은 셈의 종이 되고
> 27) 하나님이 야벳을 창대하게 하사
> 셈의 장막에 거하게 하시고
> 가나안은 그의 종이 되게 하시기를 원하노라" 하였더라(창 9:25-27).

또한 여기서 "하나님이 야벳을 창대하게 하사 셈의 장막에 거하게 하시고"(창 9:27)는 이스라엘과 블레셋이 영토를 공유하며 팔레스타인에 함께 거주하였던 상황을 기원론적으로 설명해주고 있다. 블레셋은 이스라엘과 함께 가나안 민족들을 종으로 부렸다. 이 단락은 이스라엘이 팔레스타인 땅을 완전히 독점하지 못한 역사적인 상황을 설명한다.

성경의 저자들은 기원론적 서술 방식을 통하여, 야웨 하나님이 역사를 주관하고 계심을 고백하고 있다. 인간의 역사는 한 치의 오차도 없이 하나님이 계획하신 그대로 진행된다는 것이다. 팔레스타인의 원주민인 가나안 민족(함의 후손)이 뒤늦게 그곳에 들어온 이주민인 이스라엘 민족(셈의 후손)과 블레셋 민족(야벳의 후손)의 지배를 받은 것도, 이스라엘과 블레셋이 그 땅을 독식하지 못하고 함께 공존한 것도 모두 하나님의 계획과 뜻이라는 것이다.

　이처럼 전 우주의 창조자이자 주관자이신 야웨 하나님은 팔레스타인 지역을 이스라엘에게만 배타적으로 수여하지 않으시고, 블레셋 민족과 공존하도록 공동명의의 축복을 주셨다. 현대 이스라엘 사람들은 세계의 화약고인 중동의 평화를 위해서라도 이 대목을 진지하게 경청해야 하지 않을까? 모든 소유는 독점되는 순간 그로 인한 분쟁이 끊이지 않게 된다. 독점은 전쟁을 부르고 공존은 평화를 가져온다.

하나님은 광야에서 목동으로 살아가고 있는 모세에게 찾아가서 이집트로 돌아가 이스라엘 자손을 인도할 것을 명령하셨다.

> 9) "이제 가라. 이스라엘 자손의 부르짖음이 내게 달하고 애굽 사람이 그들을 괴롭히는 학대도 내가 보았으니, 10) 이제 내가 너를 바로에게 보내어 너에게 내 백성 이스라엘 자손을 애굽에서 인도하여 내게 하리라"(출 3:9-10).

이때 모세는 하나님께 다음과 같이 반문한다.

> 모세가 하나님께 아뢰되 "내가 이스라엘 자손에게 가서 이르기를 '너희의 조상의 하나님이 나를 너희에게 보내셨다' 하면 그들이 내게 묻기를 '그의 이름이 무엇이냐?' 하리니 내가 무엇이라고 그들에게 말하리이까?"(출 3:13)

모세는 하나님이 누구신지를 물은 것이다. 이에 대해 하나님이 주신 대답이 출애굽기 3:14이다.

하나님이 모세에게 이르시되 **"나는 스스로 있는 자이니라."** 또 이르시되 "너는 이스라엘 자손에게 이같이 이르기를 '스스로 있는 자가 나를 너희에게 보내셨다' 하라"(출 3:14).

이 본문은 하나님이 자신의 정체성(이름)을 처음으로 드러내신 본문이다. 그러나 이 본문은 구약성경 전체에서 가장 이해하기 어려운 구절 중 하나다. 여기서 이해하기 어려운 부분은 "나는 스스로 있는 자이니라"라는 표현이다. 최초의 번역 성경인 그리스어로 된 70인역(LXX)은 이 구절을 "에고 에이미 호 온"(Ἐγώ εἰμι ὁ ὤν, 'I am the existing one')으로 번역하였다. 그러나 엄밀히 말하면 그리스어 번역 본문은 히브리어 본문의 뜻을 객관적으로 직역한 "번역"(translation)이라기보다 그리스 철학적 사고에 입각하여 주관적으로 의역한 "해석"(interpretation)에 해당한다.

여기서 그리스어 "호 온"(ὁ ὤν)은 "존재자/자존자"(the existing one)라는 의미다. 따라서 개역개정의 "나는 스스로 있는 자이니라"라는 번역은 히브리어 원어가 아니라 그리스어 해석에서 유래한 것으로 판단된다. 그런데 이러한 그리스어 해석은 신이란 다른 존재에 의해 창조되지 않고 모든 만물을 존재하게 하며 스스로 존재하는 분이라는 그리스적 신관(神觀)에서 비롯한 것이다. 즉, 번역이라기보다 해석이다. 물론 해석학적 측면에서 이러한 해석도 가능하긴 하지만 히브리적 신 이해를 충분히 담아내지 못한다는 한계가 있다. 야웨 하나님은 개념적 존재나 추상적 존재나 철학적인 존재가 아니기 때문이다.

이제 그리스어 해석이 아니라 히브리어 자체에 주목해보자. 이 표현의 히브리어 원어는 "에흐예 아쉐르 에흐예"(אֶהְיֶה אֲשֶׁר אֶהְיֶה)이다. 이를 직역하면 "나는 (곧) 나다"(I am who I am, I am that I am, I will be what I will be)이다. 그렇다면 새번역 성경의 번역이 개역개정의 번역보다 히브리어 원문에 더 가깝다고 할 수 있다.

> 하나님이 모세에게 대답하셨다. "**나는 곧 나다**. 너는 이스라엘 자손에게 이르기를, '나'라고 하는 분이 너를 그들에게 보냈다고 하여라"(출 3:14, 새번역)

"에흐예 아쉐르 에흐예"라는 표현은 "존재하다"(하야, הָיָה)라는 동사의 1인칭 단수(에흐예, אֶהְיֶה, 'I am')가 반복되면서 그 사이에 관계사(아쉐르, אֲשֶׁר, 'who')가 결합된 형태로 되어 있다. 그런데 "나는 곧 나다"라는 말은 쉽게 이해되지 않는다. 이 때문에 어떤 학자들은 이러한 하나님의 응답이 자신의 정체성(이름)을 가르쳐주기를 거부한 것이라고 해석하기도 한다. 하나님의 정체성을 묻는 질문에 대한 거부는 다른 본문에서도 보고된다.

> 야곱이 청하여 이르되 "당신의 이름을 알려주소서." 그 사람이 이르되 "어찌하여 내 이름을 묻느냐?" 하고 거기서 야곱에게 축복한지라(창 32:29).

> 17) 마노아가 또 여호와의 사자에게 말하되 "당신의 이름이 무엇이니이까? 당신의 말씀이 이루어질 때에 우리가 당신을 존귀히 여기리이다" 하

니, 18) 여호와의 사자가 그에게 이르되 "어찌하여 내 이름을 묻느냐? 내 이름은 기묘자라" 하니라(삿 13:17-18).

위에서 언급했듯이 개역개정의 "스스로 있는 자"라는 개념은 "객관적인 번역"이 아니고 "주관적인 해석"에 해당된다. 객관적인 이해를 위해서는 우선 문자 그대로 번역하고("나는 곧 나다") 그다음에 해석하는 작업을 진행해야 한다. 그렇다면 "나는 곧 나다"로 소개된 야웨 신명(神名)을 어떻게 이해해야 할까? 하나님은 이름(정체성)을 알려달라는 모세의 간구에 "나는 야웨니라"라는 자기소개로 직접적으로 응답하는 대신 "나는 곧 나다"라는 간접적 설명으로 응답하신다. 하나님은 매우 상이하게 해석될 수 있는 응답을 통해 자신의 이름 알리기를 거부하려 한 것이 아니라, 자신의 이름을 해석할 수 있도록 계시하신 것이다.[1]

이 이름의 해석을 위해서는 "에흐예"(אֶהְיֶה)가 히브리어 "하야"(הָיָה) 동사에서 유래한 점에 주목해야 한다. 이 동사에는 "현존하다/활동하다/일하다"라는 뜻이 있다.[2] 따라서 이 동사의 의미를 살려 번역하면 "나는 너희(하나님의 백성)를 위하여 현존한다/활동한다/일한다"가 된다. 이러한 의미는 "내가 반드시 너와 함께 있으리라"라는 출애굽기 3:12의 하나님의 약속과도 맥을 같이한다.

---

1 베르너. H. 슈미트, 차준희 역, 『구약신앙: 역사로 본 구약신학』(*Alttestamentlicher Glaube*, 서울: 대한기독교서회, 2007), 158.

2 W. H. Schmidt, *Exodus 1,1-6,30* (Biblischer Kommentar Altes Testament; Neukirchen-Vluyn: Neukirchener Verlag, 1988), 176-177.

하나님이 이르시되 "내가 반드시 너와 함께 있으리라. 네가 그 백성을 애굽에서 인도하여 낸 후에 너희가 이 산에서 하나님을 섬기리니, 이것이 내가 너를 보낸 증거니라"(출 3:12).

또한 하나님의 성함이 "명사"가 아니라 "동사"로 정의되고 있다는 점도 중요하다. 동사로 정의된다는 것은 하나님이 명사적 개념 안에 가둬지는 분이 아니며 계속해서 활동하고 계신 분임을 의도적으로 드러낸다. 따라서 이 구절은 하나님의 현재성(Gegenwart)과 활동성(Wirksamkeit)을 표현한다고 해석할 수 있다. "야웨 하나님은 행동하시고 역동적으로 임재 하는 분"이라는 것이다.[3] 야웨 하나님은 언제 어느 곳에서나 자기 백성과 함께하며 그들을 위해 일하시는 분이다.

　야웨 하나님은 억압받는 백성의 부르짖음을 들으시고 역사 속에 깊이 개입하여 처음으로 자신의 이름을 계시하셨다(출 3:14). 야웨라는 하나님의 이름은 고정된 현상이나 지역과 연관되지 않고 출애굽 사건과 연결됨으로써, 우리가 야웨의 이름을 부를 때마다 과거의 출애굽 사건을 오늘날의 삶의 현장에서 다시 체험하고 우리에게 생명과 자유를 주시는 그분의 사랑에 감사하게 한다.[4] 야웨 하나님은 특히 억압당하는 사람들의 탄식과 신음 소리에 민감한 분이며 반드시 그에 응답하는 분이다.

3　나훔. M. 사르나, 박영호 역, 『출애굽기 탐험』(*Exploring Exodus*, 서울: 솔로몬, 2004), 116.
4　성서와함께 편집부, 『어서 가거라: 성서가족을 위한 탈출기 해설서(개정판)』(서울: 성서와함께, 2010), 89.

7) 여호와께서 이르시되 "내가 애굽에 있는 내 백성의 고통을 분명히 보고 그들이 그들의 감독자로 말미암아 부르짖음을 듣고 그 근심을 알고, 8) 내가 내려가서 그들을 애굽인의 손에서 건져내고 그들을 그 땅에서 인도하여 아름답고 광대한 땅, 젖과 꿀이 흐르는 땅, 곧 가나안 족속, 헷 족속, 아모리 족속, 브리스 족속, 히위 족속, 여부스 족속의 지방에 데려가려 하노라"(출 3:7-8).

야웨 하나님은 억압과 고통이 있는 곳에 함께 계시면서 자유와 생명을 주는 분으로 자신을 드러내시며 이제 구원을 위해 누구나 부르고 체험할 수 있는 이름이 되었다. 언제 어디서나 살아 계시며 구원을 베푸는 분이 우리 하나님 야웨이시다. 야웨 하나님은 오늘도 우리의 삶 속에 개입하시고(하나님의 현재성) 우리를 위하여 일하고 계신다(하나님의 활동성). "나는 곧 나다"라는 말씀은 "나는 너희를 위해서 항상 존재하는 이다"라는 뜻이다.[5]

---

5   박요한 영식, 『탈출기(1): 1-18장』(서울: 성서와함께, 2016), 76.

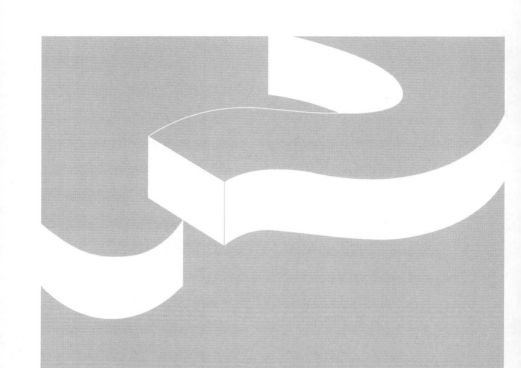

10장

파라오가 억울하다고?

"내가 그의 마음을 완악하게 한즉"(출 4:21)

출애굽기 4:21에서 하나님의 명령을 받고 이집트로 향하는 모세에게 주어진 하나님의 말씀은 이해하기가 쉽지 않다.

> 네가 애굽으로 돌아가거든 내가 네 손에 준 이적을 바로(Pharaoh) 앞에서 다 행하라. 그러나 내가 그의 마음을 완악하게 한즉, 그가 백성을 보내주지 아니하리니(출 4:21).

여기서 "마음을 완악하게 하다"는 무슨 뜻인가? "마음"은 히브리어로 "레브"(לֵב)이다. 이 단어의 문자적 의미는 "심장"인데 구약성경에서 심장이란 인간의 생각이나 지적인 행위, 곧 인식력, 이성, 통찰력, 의식, 기억, 지식, 반성, 판단, 방향 선택, 지성 등을 관장하는 기관이다.[1] 즉, 심장은 인간의 모든 행위를 결정하는 기관을 가리킨다. 또한 "완악하게 되다"(문자적 의미로 '딱딱해지다')는 선과 악을 편견 없이 판단하고 반성할 수 있는 능력을 의도적으로 억누르는 것을 의미한다. 따라서 "마음이 완악하게 되었다는 것"은 "정신이 마비되어 올바른 판단력을 잃고

---

1   한스 발터 볼프, 『구약성서의 인간학』, 82-116.

위축되어 있는 상태"를 가리킨다.[2]

　야웨 하나님이 파라오의 마음을 마비시켰다는 진술은 어떻게 이해해야 할까? 이 본문은 예나 지금이나 심각한 논란의 대상이다. 파라오의 마음을 완악하게 만든 이가 하나님이라면 파라오는 비난받아서는 안될 것이다. 또한 파라오가 이 일로 하나님의 보복을 받는다면 파라오의 입장에서는 너무 억울한 일이 아닐까?[3]

　"마음을 완악하게 하다"라는 표현은 이후 이사야의 소명 이야기에서 유다 백성을 향해서도 사용된다.

9) 여호와께서 이르시되
"가서 이 백성에게 이르기를
'너희가 듣기는 들어도 깨닫지 못할 것이요
보기는 보아도 알지 못하리라' 하여
10) 이 백성의 **마음을 둔하게 하며**
그들의 귀가 막히고
그들의 눈이 감기게 하라.
염려하건대 그들이 눈으로 보고
귀로 듣고
마음으로 깨닫고
다시 돌아와 고침을 받을까 하노라" 하시기로(사 6:9-10).

2　성서와 함께 편집부, 『어서 가거라: 성서가족을 위한 탈출기 해설서(개정판)』, 99.
3　J. Currid, "Why Did God Harden Pharaoh's Heart?," *Bib Rev* 9 (1993), 46-51.

이 표현은 또한 예수님이 자신의 청중에 대하여 하신 말씀에서도 사용된다.

> 14) 이사야의 예언이 그들에게 이루어졌으니, 일렀으되
> "너희가 듣기는 들어도 깨닫지 못할 것이요
> 보기는 보아도 알지 못하리라.
> 15) 이 백성들의 마음이 완악하여져서
> 그 귀는 듣기에 둔하고 눈은 감았으니
> 이는 눈으로 보고 귀로 듣고 마음으로 깨달아 돌이켜
> 내게 고침을 받을까 두려워함이라" 하였느니라(마 13:14-15).

따라서 하나님이 사람의 마음을 완악하게 하는 것은 이방인(이집트의왕)뿐 아니라 하나님의 백성에게도 해당된다.

"마음을 완악하게 하다"라는 표현은 출애굽기 전체에서 정확히 20회 언급된다.[4] 이 가운데 10회는 파라오 자신이 스스로 마음을 완악하게 한 경우다(출 7:13, 14, 22; 8:11, 15, 28; 9:7, 34, 35; 13:15). 이 경우를 "파라오의 완악함", 즉 파라오 자신에 의한 완악함이라고 한다. 나머지 10회는 하나님이 사람의 마음을 완악하게 하는 주체가 된다(출 4:21; 7:3; 9:12; 10:1, 20, 27; 11:10; 14:4, 8, 17). 이 경우는 "하나님의 완악함", 즉 하나님에 의한 완악함이라 불린다. 그러면 어떤 상황에서 이러한 일이 발생했는지 살펴보자.

---

4   C. Dohmen, *Exodus 1-18* (HThKAT; Freiburg/Basel/Wien: Herder, 2015), 237.

하나님은 미래의 행동으로 파라오의 마음을 완악하게 하겠다고 두 차례에 걸쳐 모세에게 미리 예고하셨다.

여호와께서 모세에게 이르시되 "네가 애굽으로 돌아가거든 내가 네 손에 준 이적을 바로 앞에서 다 행하라. 그러나 **내가 그의 마음을 완악하게 한 즉,** 그가 백성을 보내 주지 아니하리니"(출 4:21).

"**내가 바로의 마음을 완악하게 하고** 내 표징과 내 이적을 애굽 땅에서 많이 행할 것이나"(출 7:3).

그런데 하나님이 실제로 파라오의 마음을 완악하게 하셨다는 말은 여섯 번째 재앙에 가서야 비로소 나온다(출 9:8-12).

그러나 **여호와께서 바로의 마음을 완악하게 하셨으므로** 그들의 말을 듣지 아니하였으니, 여호와께서 모세에게 말씀하심과 같더라(출 9:12).

여섯 번째 재앙 이전에는 이 표현이 등장하지 않는다.[5] 이후 여덟 번째 재앙(출 10:20), 아홉 번째 재앙(출 10:27), 열 번째 재앙(출 11:10)에서 같은 표현이 반복적으로 등장한다.[6]

---

5   브루스 C. 버치 외, 차준희 역, 『신학의 렌즈로 본 구약개관』(*Theological Introduction to the Old Testament*, 서울: 새물결플러스, 2016), 179.
6   최승정, 『탈출기 I : 1장 1절-13장 16절』(서울: 가톨릭대학교출판부, 2016), 118.

그러나 **여호와께서 바로의 마음을 완악하게 하셨으므로** 이스라엘 자손을
보내지 아니하였더라(출 10:20).

여호와께서 바로의 마음을 완악하게 하셨으므로 그들 보내기를 기뻐하지
아니하고(출 10:27).

모세와 아론이 이 모든 기적을 바로 앞에서 행하였으나, **여호와께서 바로
의 마음을 완악하게 하셨으므로** 그가 이스라엘 자손을 그 나라에서 보내
지 아니하였더라(출 11:10).

여섯 번째 재앙 이전까지 파라오의 마음을 완악하게 한 주체는 바로 파
라오 자신이었다. 파라오의 완고한 고집은 그 자신의 본성이자 이스라
엘의 자유를 원하시는 하나님에 대한 고의적 저항이었다.

파라오의 완악함(첫 번째에서 다섯 번째 재앙)에서 하나님의 완악함(여
섯 번째에서 열 번째 재앙)으로 변화하는 과정은 일곱 번째 재앙에서 여덟
번째 재앙으로 넘어가는 대목에서 감지된다. 이 과정에서 세 단계의 변
화를 볼 수 있다.[7]

첫째, 사람이 개인적으로 자유롭게 행동하며 그에 대해 스스로 책
임질 수 있는 시작 단계다. 바로 인간 파라오의 완악함이 시작되는 순
간이다.

---

7   G. Fischer/D. Markl, *Das Buch Exodus* (Neuer Stuttgarter Kommentar Altes Testament;
     Stuttgart: Verlag Katholisches Bibelwerk, 2009), 73-75.

> 바로가 비와 우박과 우렛소리가 그친 것을 **보고** 다시 범죄하여 **마음을 완**
> **악하게 하니**, 그와 그의 신하가 꼭 같더라(출 9:34).

둘째, 사람의 내면이 심층적으로 깊이 관여되어 있어 의지적으로 통제
가 불가능한 단계다. 파라오의 완악함이 굳어져가는 중간 단계다.

> **바로의 마음이 완악하여** 이스라엘 자손을 내보내지 아니하였으니, 여호
> 와께서 모세에게 말씀하심과 같더라(출 9:35).

셋째, 하나님이 결정적으로 함께 작용하는 마지막 단계다. 즉 하나님이
자신을 반하는 인간의 반역을 꼭 붙잡고 계신 단계로, 하나님의 주권이
강하게 작동된다. 파라오의 완악함이 돌이킬 수 없을 정도로 단단히 굳
어버린 결론적 단계다.

> 여호와께서 모세에게 이르시되 "바로에게로 들어가라. 내가 **그의 마음과**
> **그의 신하들의 마음을 완강하게 함은** 나의 표징을 그들 중에 보이기 위함
> 이며"(출 10:1).

하나님은 처음부터 파라오의 마음을 완악하게 하신 것이 아니었다. 하
나님은 다섯 번의 재앙이 지속되는 긴 과정 속에서 파라오의 행동을 눈
여겨보고 계셨다. 파라오에게는 자신의 마음을 부드럽게 하고 하나님
의 주권을 받아들일 수 있는 자유와 기회가 충분히 주어졌던 것이다.
　모세를 통해 전달된 하나님의 말씀에 대한 파라오의 저항은 그의

고집을 통하여 계속해서 강해졌으며, 결국 하나님은 지속적인 죄악에서 돌이킬 수 없게 된 파라오를 포기하신다. 하나님의 뜻을 거부하는 파라오의 계속적인 죄악은 하나님에게서 비롯된 것이 아니다. 다만 하나님이 압제자의 운명을 확인하고 그를 권좌에서 몰락시킬 수밖에 없는 시점이 온 것이다.[8] 파라오의 완악함은 하나님의 책임이 아니라 파라오 본인의 책임이다. 하나님은 오랜 기간 인내하셨다. 파라오가 억울한 것이 아니라 자신의 인내를 이해받지 못하는 하나님이 억울하신 것이다.

---

8   브루스 C. 버치 외, 『신학의 렌즈로 본 구약개관』, 179.

11장
모세를 죽이려고?

"여호와께서 그를 만나 그를 죽이려 하신지라"(출 4:24)

출애굽기 4:24-26의 본문은 구약에서 가장 해석하기 어려운 대목 중 하나로 유명하다.

> 24) 모세[그]가 길을 가다가 숙소에 있을 때에 여호와께서 그를 만나사 그를 죽이려 하신지라. 25) 십보라가 돌칼을 가져다가 그의 아들의 포피를 베어 그의 발에 갖다 대며 이르되 "당신은 참으로 내게 피 남편이로다" 하니, 26) 여호와께서 그를 놓아주시니라. 그때에 십보라가 피 남편이라 함은 할례 때문이었더라(출 4:24-26).

첫 번째 문제는 히브리어 원문에 십보라 외에는 구체적인 사람 이름이 전혀 명기되지 않고 전부 대명사 "그"로 되어 있다는 점이다. 히브리어 원문에는 "모세"라는 이름이 전혀 언급되지 않는다. 개역개정 성경은 "그"를 "모세"라고 번역했으나 이는 번역자의 해석일 뿐이다. 따라서 야웨가 죽이려고 한 대상이 "모세"인지 "모세의 아들"인지가 불분명하다.[1] 또한 십보라가 자기 아들의 포피를 잘라서 갖다 댄 발이 "모세

---

1   야웨의 타격을 받은 사람이 아들이라고 주장하는 대표적인 학자들은 다음과 같다.
    N. M. Sarna, *Exodus* (The JPS Torah Commentary; Jerusalem: The Jewish Publication Society, 1991), 24-26; 김이곤, "돌칼을 든 시뽀라의 구원행위",『출애굽기의 신학』

의 발"인지 "아들의 발"인지도 모호하다. 이러한 모호함은 그동안 헤아릴 수 없을 만큼 많은 해석을 양산했다.[2]

따라서 이 단락에 대한 정확한 해석은 현 상태로서는 불가능하며 (*crux interpretum*) 오직 추정에 의존할 수밖에 없다. 먼저 대명사를 실명사로 바꾸는 작업이 선행되어야 하는데 시리아역 구약성경은 "그"를 "모세"로 봤다.

모세가 길을 가다가 숙소에 머물고 있을 때였다(출 4:24a).[3]

이를 근거로 하면 이 본문은 다음과 같이 해석될 수 있다.

여호와께서 "모세"를 죽이려고 하셨고, 이때 십보라가 그녀의 아들의 포피를 베어 "모세"의 발에 갖다 대면서 "모세"에게 피 남편이라고 하자, 여호와께서 "모세"를 놓으셨다.

다시 말해 이 일은 야웨께서 "모세"를 죽이려 하신 사건이라는 것이다. 두 번째 문제는 하나님이 모세를 죽이려 하신 동기가 본문에 전혀

(서울: 한국신학연구소, 1992), 79-97; D. K. Stuart, *Exodus* (The New American Commentary; Nashville: Broadman & Holman Publishers, 2006), 152-156 등.

2 이 단락의 다양한 해석에 대해서는 다음을 참조하라. C. Houtman, *Exodus* Vol. 1 (Historical Commentary on the Old Testament; Kampen: Kok Publishing House, 1993), 439-447; 정규남, 『출애굽기』(한국성경주석총서; 서울: 횃불, 2006), 201-241.

3 왕대일, "성서 이야기의 딜레마: 하나님이 모세를 죽이려고 하셨다(출 4:24-26)", 『새로운 구약주석: 이론과 실제』(서울: 성서연구사, 1996), 314-342, 특히 320.

드러나지 않는다는 점이다. 모세나 그의 아들이나 모두 죽을 만한 잘못을 저지른 적이 없다. 모세는 오랫동안 칩거해온 망명지 미디안에서 떨치고 일어나 이집트로 가라는 명을 끝까지 거절하다가, 이제 막 어렵게 결단을 내리고 사지(死地)가 될지도 모를 결전의 땅 이집트로 나아가는 마지막 단계에 도달한 참이었다. 그런데 왜 이토록 무서운 야웨의 살육적 공격을 받게 된 것일까? 야웨는 왜 여기서 모세를 죽이려 하셨는가? 이에 대하여는 모세 자신이 할례를 받지 않았거나 아들을 무할례 상태로 방치했기 때문이라는 등 여러 가지 해석이 있지만, 적어도 현재의 본문은 이에 대해 철저히 침묵하고 있다.

사실 이 사건에서 주인공은 모세도 그 아들도 아니다. 본문에서는 포피가 잘린 아들의 울음소리도, 갑자기 달려드는 하나님의 습격에 당황한 모세의 표정도 철저히 외면당하고 있다. 이들은 다만 대명사로 처리되고 있을 뿐이다. 모세와 그의 아들은 철저히 엑스트라의 역할에 머물고 있다. 이 단락의 주인공은 하나님과 십보라다. 여기서 실명사로 언급된 인물이 야웨와 십보라 둘뿐이기 때문이다. 본문의 초점은 모세를 죽이려고 덤비는 하나님의 시도와 이에 대한 십보라의 민첩한 반응이다.

"십보라가 돌칼을 든 행위"는 "모세를 죽이려는 하나님"을 "모세를 놓아보내는 하나님"으로 전환시키는 지렛대 역할을 한다. 십보라는 모세의 생명을 사이에 두고 하나님과 겨루는(?) 용감한 여인이다.[4] 이전의 다른 여인들(모세의 생모, 모세의 누이, 파라오의 딸)은 파라오에게서 모

---

4   왕대일, "성서 이야기의 딜레마: 하나님이 모세를 죽이려고 하셨다(출 4:24-26)", 336.

세를 건진 반면 십보라는 하나님에게서 모세를 건졌다. 모세는 태어나면서부터 지금까지 여인들의 신앙, 희생, 헌신으로 하나님의 사람이 될 수 있었다.[5] 그런데 모세를 구한 여인 중 본문에서 유일하게 이름이 불려진 사람은 십보라 한 사람뿐이다. 십보라의 역할은 나중에 모세가 이스라엘을 위하여 하게 될 역할을 예견한다. 십보라가 하나님의 진노로부터 모세를 구한 것과 같이 모세도 이스라엘을 구할 것이다.[6]

"아들의 포피를 베어 모세의 발에 **갖다 댄**(נגע, 나가)" 십보라의 행위는 출애굽의 날에 일어날 유월절 사건을 연상케 한다.

> 우슬초 묶음을 가져다가 그릇에 담은 피에 적셔서 그 피를 문 인방과 좌우 설주에 **뿌리고**(נגע, 나가)(출 12:22).[7]

"갖다 대다"와 "뿌리다"라는 동사가 히브리어로 같은 단어인 것은 우연이 아니다. 출애굽기 4장과 12장에서 피를 "나가"(갖다 대다, 뿌리다)한 행위는 모두 생명을 구하기 위한 행위였다.[8] 십보라의 행위는 출애굽의 밤에 죽음의 신의 침입에 맞서 양의 피를 문설주에 발랐던 그 동작을 미리 보여주며, 이를 통해 하나님의 살기(殺氣)를 모세가 "넘어서게/모면하게"(pass over)한다. 모세는 출애굽의 유월절을 십보라 덕분에 미리

---

5   왕대일, 『왕대일의 출애굽기 강해: 엑소도스, 하나님의 성소를 이루기까지』(서울: kmc, 2015), 42.

6   테렌스. E. 프레다임, 강성열 역, 『출애굽기』(현대성서주석; 서울: 한국장로교출판사, 2001), 140.

7   M. Greenberg, *Understanding Exodus* (New York: Behrman House, 1969), 117.

8   최승정, 『탈출기 I : 1장 1절-13장 16절』, 121.

개인적으로 체험한다. 이 사건은 장차 이루어질 유월절 사건을 예시하며 "피를 통한 구원"을 미리 보여준다.[9]

여기서 반복되는 중심 주제는 할례 자체보다 "피를 흘려서" 할례를 받는다는 부분에 있다.[10] 중요한 것은 피의 역할이다. 아들의 할례란 피를 뿌려 모세의 발에 갖다 대기 위한 수단이다. 여기서 "발"(רֶגֶל, 레겔)은 성기에 대한 완곡한 표현이다.

스랍들이 모시고 섰는데 각기 여섯 날개가 있어 그 둘로는 자기의 얼굴을 가리었고, 그 둘로는 자기의 **발**(רֶגֶל, 레겔)을 가리었고, 그 둘로는 날며(사 6:2).

그날에는 주께서 하수 저쪽에서 세내어 온 삭도, 곧 앗수르 왕으로 네 백성의 머리털과 **발**(רֶגֶל, 레겔) 털을 미실 것이요 수염도 깎으시리라(사 7:20).

네가 높은 대를 모든 길 어귀에 쌓고 네 아름다움을 가증하게 하여 모든 지나가는 자에게 **다리**(רֶגֶל, 레겔)를 벌려 심히 음행하고(겔 16:25).

모세를 위험에서 건진 것은 할례 자체가 아니라 피 흘림이다. 피에는 생명이 있다. 피가 속죄를 이루기도 한다.

---

9   성서와함께편집부, 『어서 가거라: 성서가족을 위한 탈출기 해설서(개정판)』, 104.
10 김이곤, "돌칼을 든 시뽀라의 구원행위", 95.

육체의 생명은 피에 있음이라. 내가 이 피를 너희에게 주어 제단에 뿌려 너희의 생명을 위하여 속죄하게 하였나니, 생명이 피에 있으므로 **피가 죄를 속하느니라**(레 17:11).

이런 맥락에서 십보라에게 모세는 "피를 주고 산 남편"(חֲתַן דָּמִים, 하탄 다밈, '피 신랑')이 된다. 히브리어 "하탄"(신랑)은 "결혼에 의해 가족으로 연결되어 보호해주는 친족(relative)"으로서 남편, 아들, 손주 등을 가리킨다.[11] 이는 매우 "친밀한 관계"를 말한다.[12] 모세는 십보라가 아들의 피를 흘려서 주고 산 남편(새 신랑)이다.

본문은 피의 희생 없이는 개인의 구원이든 민족의 해방이든 간에 진정한 구원이 가능하지 않다는 사실을 증언한다. 모세가 가는 사명의 길, 즉 공동체를 살리는 길에는 피 흘림이라는 아픔과 희생이 동반되어야 한다. 아픔과 희생의 고난 없이 그 어떤 해방이나 구원도 가능하지 않다는 것은 영원한 진리이다. 아픔과 희생이 있어야만 생명의 길, 살 길이 열린다. 죽음이 생명의 길을 연다. 죽도록 고통스러운 순간은 새로운 생명이 주어질 산고(産苦)다.

---

11   D. K. Stuart, Exodus, 155, 각주 124번.

12   G. Fischer/D. Markl, *Das Buch Exodus*, 77-78.

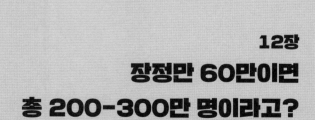

12장
장정만 60만이면
총 200-300만 명이라고?

"보행하는 장정이 육십만 가량이요"(출 12:37)

출애굽기 12:37에서는 이스라엘 백성이 이집트를 빠져나올 때의 인원이 보행하는 장정만 60만 가량이라고 언급된다.

> 이스라엘 자손이 라암셋을 떠나서 숙곳에 이르니, 유아 외에 보행하는 장정이 **육십만 가량**이요(출 12:37).

젊은 남자만 60만이라면 여기에 여자와 어린아이와 노인을 합산할 경우 출애굽에 참여한 이스라엘 인구가 200-300만에 이르는 엄청난 숫자였다는 추정이 가능하다.

그런데 이러한 문자적 해석에 입각한 숫자 추정은 사실상 몇 가지 심각한 문제에 부닥친다. 첫째, 이집트학을 연구하는 역사학자들에 의하면 기원전 14세기 이집트의 전 인구는 400-500만 정도로 추산된다.[1] 이것이 사실이라면 당시 이스라엘 백성의 숫자를 200-300만 명으로 추정하는 것은 무리가 아닐까? 이집트에 거주했던 여러 소수 민족 가운데 하나인 이스라엘 민족이 이집트 전체 인구의 절반을 넘어섰다

---

1   나훔 M. 사르나, 『출애굽기 탐험』, 192-193; 성서와함께 편집부, 『어서 가거라: 성서가족을 위한 탈출기 해설서(개정판)』, 167.

는 것은 납득하기 어렵다. 둘째, 이스라엘 사람들이 모여 살던 나일강 동쪽 지역(고센 땅)의 규모가 길이 60km, 폭 4km에 불과하기 때문에 그 많은 사람을 수용하기란 현실적으로 불가능하였을 것이다.[2] 셋째, 이 많은 사람이 생존에 필수적인 물이 아주 드문 시내 반도에서 과연 40년 간 생활할 수 있었을지도 의문이다. 넷째, 출애굽기 12:41은 이집트를 빠져나오는 데 단 하루가 걸렸음을 암시하고 있다.

> 사백삼십 년이 끝나는 **그날에** 여호와의 군대가 다 애굽 땅에서 나왔은즉 (출 12:41).

어린이와 노인을 포함한 200-300만 명과 그 외 수많은 이민족(잡족들) 과 많은 가축을 데리고 걸어서, 그것도 하루 만에 모두 이집트를 탈출 하여 바다를 건넜다는 것은 합리적으로 이해하기 어렵다.

> 수많은 잡족과 양과 소와 심히 많은 가축이 그들과 함께 하였으며(출 12:38).

출애굽기 12:37의 "보행하는 장정이 육십만 가량이요"에서 "보행하는 장정"에 해당하는 히브리어는 "라글리(רַגְלִי) 하그바림(הַגְּבָרִים)"이다. "보 행자"로 번역된 "라글리"(רַגְלִי)는 열왕기상 20:29에서 쓰인 바와 같이 "보병"(foot soldier)을 가리킨다.

---

2   성서와함께 편집부, 『어서 가거라: 성서가족을 위한 탈출기 해설서(개정판)』, 168.

110   구약이 이상해요

진영이 서로 대치한 지 칠 일이라. 일곱째 날에 접전하여 이스라엘 자손이 하루에 아람 **보병**(라글리) 십만 명을 죽이매(왕상 20:29).

"장정"으로 번역된 "하그바림"(הַגְּבָרִים)은 "젊은 남자"를 뜻한다. 따라서 "보행하는 장정"이란 "젊은 보병"을 의미한다. 또한 육십만은 히브리어로 "600 엘레프(אֶלֶף)"이다. 여기서 "엘레프"는 보통 숫자 천(thousand)을 말한다.

너는 또 온 백성 가운데서 능력 있는 사람들, 곧 하나님을 두려워하며 진실하며 불의한 이익을 미워하는 자를 살펴서 백성 위에 세워 **천**(אֶלֶף, 엘레프)부장과 백부장과 오십부장과 십부장을 삼아(출 18:21).

"이스라엘 모든 지파에게 각 지파에서 **천**(אֶלֶף, 엘레프) 명씩을 전쟁에 보낼지니라" 하매(민 31:4).

또한 "엘레프"는 그밖에 "가축"(cattle, 신 7:13; 28:4, 18, 51 등), "씨족"(clan, 수 22:14; 삿 6:15; 삼상 10:19 등), "종족"(division, 민 1:16), "가족"(family, 수 22:21, 30 등), "소"(ox, 사 30:24; 시 8:7 등), "지파"(tribe, 민 10:4) 등 여러 가지 의미로 쓰인다.[3] 보통 번역 성경은 이 구절에서 "엘레프"의 여러 가지 의미 가운데 하나인 숫자 천을 선택하여서 "육십만"(600 엘레프=600×1,000)이라는 숫자로 번역한다. 이는 바빌로니아 포로기 이후 군대의 기

---

3   D. K. Stuart, *Exodus*, 299-301.

본 단위가 천 명으로 짜인 사실에서 유래한 것이다.

그러나 "엘레프"를 다른 각도에서 번역할 수도 있다. 출애굽기 12:37은 "보병"을 언급한 것에서 알 수 있듯이 군사적 체제라는 맥락에서 이해해야 한다. 고대 이스라엘의 군대는 일정한 크기의 단위로 조직되어 있었다. 즉, "엘레프"는 "군사 조직의 단위"일 수도 있다.[4] 본문에 나오는 "보행하는"(출 12:37), "여호와의 군대"(출 12:41), "부대로 편성하여"(출 12:51, "무리대로") 등의 어구가 이런 배경을 암시한다. 이 단위가 정확히 몇 명을 가리키는지는 아무도 알 수 없다. 보통 효과적으로 전쟁을 수행하기에는 12명 정도를 적정선으로 본다.[5] 이러한 추정에 근거하면 600 엘레프(600×12)는 7,200명이 된다. 보병이 7,200명이라면 군사가 아닌 민간인을 합한 출애굽 총인구는 28,000-36,000에 이를 것으로 추정할 수 있다.[6]

이러한 숫자는 출애굽기의 나머지 내용과도 적절한 조화를 이룬다. 예를 들어 출애굽기 23:29-30의 내용을 보면, 출애굽 당시의 이스라엘 인구는 가나안 정착민에 비해 소수로서 그리 많지 않았음이 전제되어 있다.

---

4   G. E. Mendenhall, "The Census Lists of Numbers 1 and 26," *JBL* 77 (1958), 52-66, 특히 60-66.

5   D. K. Stuart, *Exodus*, 301.

6   이와 비슷한 결론을 보여주는 최근의 연구로는 다음을 참조하라. C. J. Humphreys, "The Numbers in the Exodus from Egypt: A Further Appraisal," *VT* 50 (2000), 323-328; G. A. Rendsburg, "An Additional Note to Two Recent Articles on the Number of People in the Exodus from Egypt and the Large Numbers in Numbers 1 and 26," *VT* 51 (2001), 392-396.

29) 그러나 그 땅이 황폐하게 됨으로 들짐승이 번성하여 너희를 해할까 하여 일 년 안에는 그들을 네 앞에서 쫓아내지 아니하고, 30) 네가 번성하여 그 땅을 기업으로 얻을 때까지 내가 그들을 네 앞에서 조금씩 쫓아내리라(출 23:29-30).

신명기 7:7도 이스라엘의 인구가 많지 않았다는 사실을 언급한다.

여호와께서 너희를 기뻐하시고 너희를 택하심은 너희가 다른 민족보다 수효가 많기 때문이 아니니라. 너희는 오히려 **모든 민족 중에 가장 적으니라**(신 7:7).

오늘날 이스라엘 역사를 연구하는 대다수의 역사학자는 여러 가지를 종합적으로 고려하여 실제로 출애굽을 경험한 인원이 그리 많지 않았다는 점을 인정한다. 이스라엘의 조상들은 이집트에서 소수 민족으로 종살이할 때 하나님의 기적적인 개입으로 해방되었다. 출애굽을 경험한, 수가 그리 많지 않았던 이스라엘 민족은 가나안에 정착한 이후로 인구가 계속 증가했다. 출애굽을 경험한 세대는 이후 세대에게 계속해서 자신들의 출애굽 경험을 가르쳤다.

20) 후일에 네 아들이 네게 묻기를 "우리 하나님 여호와께서 명령하신 증거와 규례와 법도가 무슨 뜻이냐?" 하거든 21) 너는 네 아들에게 이르기를 "우리가 옛적에 애굽에서 바로의 종이 되었더니 여호와께서 권능의 손으로 우리를 애굽에서 인도하여 내셨나니, 22) 곧 여호와께서 우리의 목

전에서 크고 두려운 이적과 기사를 애굽과 바로와 그의 온 집에 베푸시고 23) 우리 조상들에게 맹세하신 땅을 우리에게 주어 들어가게 하시려고 우리를 거기서 인도하여 내시고"(신 6:20-23).

이러한 가르침을 통하여 출애굽의 구원 경험은 조상들만의 경험이 아닌 후세대 모두를 포함하는 하나님 백성의 경험으로 확대된다. 야웨 하나님의 자녀가 되는 모든 사람이 출애굽 구원 사건의 주인공이 되는 것이다. 오늘날의 우리도 야웨 하나님의 백성으로서 수천 년 전의 출애굽 경험 속에 포함된다. 그리하여 우리는 믿음의 사람을 모든 억압 아래 방치하지 않고 살리시는 하나님을 믿고 따른다.

60만 명이라는 숫자는 어쩌면 가장 부강했던 다윗-솔로몬 시대의 실제 인구수를 반영한 것일 수도 있다. 그렇다면 이 숫자는 이집트 노예 상태로부터의 해방과 함께 시작된 출애굽 시대의 절정이었던 다윗과 솔로몬 시대의 이스라엘 인구를 나타낸다.[7] 그렇게 생각하면 60만 명은 하나님의 백성 모두가 출애굽을 경험했음을 나타내는, 신학적으로 해석된 숫자가 된다.

사실 출애굽 인원의 많고 적음은 중요한 문제가 아니다. 성경은 인구학적 통계를 정확하게 보고하는 역사책이 아니기 때문이다. 성경은 역사 속에서 하나님이 행하신 일을 간파하고 이를 신앙 고백적으로 증언하는 신학서다. 따라서 얼마나 "많은" 사람이 구출되었는가 보다 "누가" "어떻게" 그들을 구원했는가가 더 중요하다.

---

7   나훔 M. 사르나, 『출애굽기 탐험』, 201.

야웨 하나님이 이스라엘 백성 "모두"를 이집트의 억압에서 구출하시고, 그들 앞을 막아선 바다를 가르는 초자연적인 방법으로 위기를 통과하게 함으로써 안전하게 이끄셨다. 집단적 구원을 경험한 이스라엘 백성은 이 사건을 오랫동안 기억하고 보전하고 전수하여 야웨 신앙의 기초로 삼았다. 우리 하나님 야웨는 억압받는 민족 전체를 통째로 구원하는 분이다. 오늘날에도 감당할 수 없는 억압과 억울한 탄압이 있는 곳에 반드시 출애굽의 하나님이 역사하신다.

13장
가계에 흐르는 저주가 있다고?

"죄를 갚되 삼사 대까지 이르게 하거니와"(출 20:5)

구약성경에는 아버지의 죄를 삼사 대의 후손에게까지 이르게 하겠다는
표현이 종종 등장한다. 이 내용은 예나 지금이나 흔히 오해되고 있다.

> 나 네 하나님 여호와는 질투하는 하나님인즉, 나를 미워하는 자의 죄를
> 갚되 아버지로부터 아들에게로 **삼사 대까지 이르게 하거니와**(출 20:5).

> 여호와는 노하기를 더디하시고 인자가 많아 죄악과 허물을 사하시나, 형
> 벌 받을 자는 결단코 사하지 아니하시고 "아버지의 죄악을 자식에게 갚아
> **삼사 대까지 이르게 하리라**" 하셨나이다(민 14:18).

한국교회도 한동안 이 본문을 오해하여 각 가정마다 가계(家系)에 흐르
는 저주가 있다는 식의 주장에 현혹되어 한바탕 홍역을 치른 바 있다.
이때 소위 "가계에 흐르는 저주를 끊어야 산다"는 가르침이 유행했으
며, 안타깝게도 이러한 주장은 오늘날의 교회 현장에서도 여전히 사라
지지 않고 심심치 않게 들려오곤 한다. 아비의 죄로 인하여 자손이 삼
사 대에 걸쳐 불행을 당한다는 것은 너무 억울한 일이 아닌가? 벌이라
는 것을 죄 지은 사람이 받아야지 그 죄와 무관한 자식과 손자들이 받

는 것은 하나님의 정의와 모순되는 것이 아닌가?

이러한 오해는 오늘날 우리들만의 일이 아니다. 구약 시대에 바빌로니아로 잡혀 가서 포로 신세로 전락한 유다 사람들 사이에서도 "아버지가 신 포도를 먹었으므로 그의 아들의 이가 시다"(겔 18:2)는 속담이 널리 회자되었다. 조상의 죄로 인하여 자신들이 억울하게 첫값을 치르고 있다는 것이다. 이러한 한탄은 기원전 587년 예루살렘의 몰락을 목도한 예언자의 한 애가(哀歌)에도 반영되어 있다.

> 우리의 조상들은 범죄하고 없어졌으며
> 우리는 그들의 죄악을 담당하였나이다(애 5:7).

과연 이런 "죄의 유전설" 혹은 "처벌의 연좌제"는 성경적 사고인가? 사실 대(代)를 이어가며 첫값을 부과하는 처벌의 대물림은 고대 이스라엘 사법 체계에서 찾아볼 수 없다. 구약의 율법에서 대신 처벌받는 행위(vicarious punishment)가 요구된 바도 없다.[1] 오히려 그런 것은 신명기법에서 명백하게 금지하고 있다.

> 아버지는 그 자식들로 말미암아 죽임을 당하지 않을 것이요 자식들은 그 아버지로 말미암아 죽임을 당하지 않을 것이니, 각 사람은 자기 죄로 말미암아 죽임을 당할 것이니라(신 24:16).

---

1   N. M. Sarna, *Exodus* (The JPS Torah Commentary; Jerusalem: The Jewish Publication Society, 1991), 111.

이 구절은 일종의 "연좌제 금지법"이라고 할 수 있다. 하나님은 죄와 직접 관련이 없는 자는 치지 않으시며 직접적으로 죄를 범한 자만을 심판하신다.

> 그를 미워하는 자에게는 **당장에**(וֹ֤אֶל־פָּנָיו, 엘-파나브) 보응하여 멸하시나니, 여호와는 자기를 미워하는 자에게 지체하지 아니하시고 **당장에**(וֹ֤אֶל־פָּנָיו, 엘-파나브) 그에게 보응하시느니라(신 7:10).

여기서 "당장에"는 히브리어로는 "그의 얼굴에게"(וֹ֤אֶל־פָּנָיו, 엘-파나브)라는 의미다. 징벌은 죄를 지은 당사자에게(וֹ֤אֶל־פָּנָיו, 엘- 파나브) 개별적으로 주어진다는 것이다.

여호수아 통치 시절 아간의 자녀들이 아간의 죄로 인하여 함께 처벌받은 사건이 있었다. 하지만 이 사건도 죄 없는 자녀들이 연좌제로 희생된 것이 아니라, "범죄의 공범자"라서 응징 받은 것으로 이해되어야 한다.

> 24) 여호수아가 이스라엘 모든 사람과 더불어 세라의 아들 아간을 잡고, 그 은과 그 외투와 그 금덩이와 그의 아들들과 그의 딸들과 그의 소들과 그의 나귀들과 그의 양들과 그의 장막과 그에게 속한 모든 것을 이끌고 아골 골짜기로 가서 25) 여호수아가 이르되 "네가 어찌하여 우리를 괴롭게 하였느냐? 여호와께서 오늘 너를 괴롭게 하시리라" 하니, 온 이스라엘이 그를 돌로 치고 물건들도 돌로 치고 불사르고 26) 그 위에 돌 무더기를 크게 쌓았더니 오늘까지 있더라. 여호와께서 그의 맹렬한 진노를 그치시니

그러므로 그곳 이름을 오늘까지 아골 골짜기라 부르더라(수 7:24-26).

유다 왕 아마샤는 부왕 요아스를 죽인 자들을 처벌할 때 신명기의 이 율법(신 24:16)에 준하여 죄인들의 자녀를 죽이지 않았다.

> 왕을 죽인 자의 자녀들은 죽이지 아니하였으니, 이는 모세의 율법책에 기록된 대로 함이라. 곧 여호와께서 명령하여 이르시기를 "자녀로 말미암아 아버지를 죽이지 말 것이요 아버지로 말미암아 자녀를 죽이지 말 것이라. 오직 사람마다 자기의 죄로 말미암아 죽을 것이니라" 하셨더라(왕하 14:6).

유다 왕국이 멸망할 때 예루살렘에서 활동했던 예레미야(기원전 627-585년)도 조상들의 죄로 인하여 후손이 벌받는다는 세간의 주장에 대하여 다음과 같이 경계했다.

> 29) 그때에 그들이 말하기를 다시는 "아버지가 신 포도를 먹었으므로 아들들의 이가 시다" 하지 아니하겠고, 30) 신 포도를 먹는 자마다 그의 이가 신 것 같이 누구나 **자기의 죄악으로 말미암아 죽으리라**(렘 31:29-30).

바빌로니아 포로지에서 예언 활동을 했던 에스겔(기원전 593-571년)은 자신들이 유배된 원인을 조상에게 돌리는 포로지의 동족들에게 개별 책임론을 분명히 제시하면서 다음과 같이 질타했다.

모든 영혼이 다 내게[하나님께] 속한지라. 아버지의 영혼이 내게 속함 같이 그의 아들의 영혼도 내게 속하였나니, **범죄하는 그 영혼은 죽으리라** (겔 18:4).

물론 구약성경에 처벌의 대물림을 가리키는 것으로 해석되기 쉬운 본문이 있기는 하다. 다음 본문들이 그러하다.

인자를 천대까지 베풀며 악과 과실과 죄를 용서하리라. 그러나 벌을 면제하지는 아니하고 아버지의 악행을 자손 삼사 대까지 보응하리라(출 34:7).

여호와는 노하기를 더디하시고
인자가 많아 죄악과 허물을 사하시나,
형벌 받을 자는 결단코 사하지 아니하시고
"아버지의 죄악을 자식에게 갚아 삼사 대까지 이르게 하리라" 하셨나이다(민 14:18).

그것들에게 절하지 말며 그것들을 섬기지 말라. 나 네 하나님 여호와는 질투하는 하나님인즉, 나를 미워하는 자의 죄를 갚되 아버지로부터 아들에게로 삼사 대까지 이르게 하거니와(신 5:9).

주는 은혜를 천만인에게 베푸시며 아버지의 죄악을 그 후손의 품에 갚으시오니, 크고 능력 있으신 하나님이시요 이름은 만군의 여호와시니이다 (렘 32:18).

그러나 이러한 본문들은 죄 없는 삼사 대의 후손을 벌한다는 것이 아니라 그들의 부모로부터 배워서 동일한 죄를 저지르는 후손을 벌한다는 것으로 이해할 수 있다.[2]

결국 후손이 조상의 죗값을 치러야 한다는 생각은 구약성경의 가르침과 정면으로 배치된다. 성경적으로 보면 개인의 책임을 넘어서는 가계에 흐르는 "운명적" 저주는 없다. 가계의 병력(病歷)이나 가문의 부정적인 분위기는 있을지도 모른다. 하지만 이 또한 한 인간의 운명을 절대적으로 결정짓는 것이라기보다는 그러한 환경의 영향을 받고 있음을 인정하는 수준에서 이해되어야 한다. 따라서 "환경적 저주"는 있을 수 있지만 "유전적 저주"는 없다. 개인의 미래는 과거의 부모가 아니라 현재의 자신의 결단에서 비롯된다.

부연하면 이 본문의 "삼사 대"는 고대 이스라엘의 대가족 제도를 배경으로 이해해야 한다. 당시에 한 가족은 삼 대 내지는 사 대가 함께 살았다. 따라서 이는 한 지붕 밑에서의 삶을 전제하여 부모가 지은 죄의 부정적인 결과가 자녀들에게 미친다는 뜻이다. 부모의 죄 때문에 자녀가 벌을 받는다는 말은 전혀 아니다. 예를 들어 한 가정의 경제를 책임지는 가장이 경제적 파산에 이르면 그 가족 전체가 경제적인 고통을 함께 짊어지는 것과 같다.

더 중요한 것은 하나님이 불가피하게 벌을 줘야 할 일이 있다면 이는 "삼사 대"로 이루어진 한 가족인 당대(當代)로 제한하고, 은혜는 무

---

2   D. K. Stuart, *Exodus*, 454.

한대의 기간인[3] "천 대"까지 이르게 하겠다고 하셨다는 점이다.

5) 그것들에게 절하지 말며 그것들을 섬기지 말라. 나 네 하나님 여호와
는 질투하는 하나님인즉, 나를 미워하는 자의 죄를 갚되 아버지로부터 아
들에게로 **삼사 대**까지 이르게 하거니와, 6) 나를 사랑하고 내 계명을 지
키는 자에게는 **천 대**까지 은혜를 베푸느니라(출 20:5-6).

여기서 주목해야 할 대목은 죄는 "삼사 대"까지이고 은혜는 "천 대"까
지 미친다는 "3-4대"와 "1,000대" 사이의 불균형적 대비다.[4] 처벌은 가
능한 한 최소화하고 은혜는 할 수 있는 수준에서 최대화하려는 것이 하
나님의 본심이다.

그[하나님]의 노여움은 잠깐이요
그의 은총은 평생이로다(시 30:5).

31) 이는 주께서 영원하도록 버리지 아니하실 것임이며
32) 그가 비록 근심하게 하시나
그의 풍부한 인자하심에 따라 긍휼히 여기실 것임이라.
33) 주께서 인생으로 고생하게 하시며
근심하게 하심은 본심이 아니시로다(애 3:31-33).

---

3   U. Cassuto, *A Commentary on the Book of Exodus* (Jerusalem: The Magnes Press, 1997),
     243.
4   차준희, 『교회 다니면서 십계명도 몰라?』(서울: 국제제자훈련원, 2012), 52.

죄와 벌은 대물림되지 않는다. 그러나 복과 은총은 계속 대물림된다. 이것이 하나님의 은혜다.

14장
동일하게 복수하라고?
"생명은 생명으로, 눈은 눈으로"(출 21:23-25)

구약성경에 나오는 율법 가운데 출애굽기 21:23-25 내용만큼 유명한 법도 없을 것이다.

> 23) 그러나 다른 해가 있으면 갚되 생명은 생명으로, 24) 눈은 눈으로, 이 는 이로, 손은 손으로, 발은 발로, 25) 덴 것은 덴 것으로, 상하게 한 것은 상함으로, 때린 것은 때림으로 갚을지니라(출 21:23-25).

이 법은 "생명은 생명으로, 눈은 눈으로"라는 공정한 처벌의 원칙을 제 시한 것으로, 보통 "동태복수법"(同態復讐法) 또는 탈리오 법(lex talionis) 이라고 부른다. 여기서 라틴어 "탈리오"(talio)는 "치아"(tooth)를 의미한 다. 이러한 표기는 "눈은 눈으로, 이는 이로"라고 표현되는 법을 축약 하여 "이(tooth)의 법"이라고 부른 것에서 비롯했다. 구약성경에서 이와 유사한 본문은 여기를 포함하여 모두 세 곳에서만 나타난다.

> 상처에는 상처로, 눈에는 눈으로, 이에는 이로 갚을지라. 남에게 상해를 입힌 그대로 그에게 그렇게 할 것이며(레 24:20).

> 네 눈이 긍휼히 여기지 말라. 생명에는 생명으로, 눈에는 눈으로, 이에는

이로, 손에는 손으로, 발에는 발로이니라(신 19:21).

이러한 동태복수법은 흔히 동일한 형태로 복수하라는 규정으로 해석된다. 그렇다면 이는 복수를 금하고 원수를 사랑하라는 기독교의 가르침과 상반되어 보인다.

> 내 사랑하는 자들아, 너희가 친히 원수를 갚지 말고 하나님의 진노하심에 맡기라. 기록되었으되 "원수 갚는 것이 내게 있으니 내가 갚으리라"고 주께서 말씀하시니라(롬 12:19).

> 나는 너희에게 이르노니, 너희 원수를 사랑하며 너희를 박해하는 자를 위하여 기도하라(마 5:44).

그러나 이 법의 의도는 복수를 권장하는 것이 아니라 오히려 지나친 처벌을 방지하는 것이다. 이는 형벌이 범죄에 적합해야 한다는 원리를 말한다. 이 원리가 인정되지 않는다면 보복이 끊이지 않을 것이다. 그리고 라멕이 그랬던 것처럼 강한 자는 약한 자에 대해 무차별적 복수를 시행할 것이다.

> 23) 라멕이 아내들에게 이르되
> "아다와 씰라여, 내 목소리를 들으라.
> 라멕의 아내들이여, 내 말을 들으라.
> 나의 상처로 말미암아 내가 사람을 죽였고

나의 상함으로 말미암아 소년을 죽였도다.

24) 가인을 위하여는 벌이 칠 배일진대

라멕을 위하여는 벌이 칠십칠 배이리로다" 하였더라(창 4:23-24).

이 법을 "라멕법", "칼의 노래" 혹은 "복수의 노래"라고 한다. 이는 끝 없는 보복 혹은 무제한적 보복이다. 이처럼 라멕법은 77배의 보복을 말하는 데 반해 동태복수법은 보상의 권리를 "일 대 칠십칠"이 아니라 "일 대 일"로 제한한다. "한쪽 눈에는 한쪽 눈", "이 하나에는 이 하나" 처럼 말이다. 이는 폭력을 정당화하려는 것이 아니라 오히려 폭력의 한 도를 정하기 위한 규칙이다. 즉, "최소한의 벌칙"이 아니라 "최대한의 벌칙"을 규정한 것이다.[1] 처벌이 지나쳐서도 안되기 때문이다.

따라서 동태복수법은 야만적이거나 원시적인 것이 아니라 오히려 정의의 심장이자 공평의 정수다. 이 법은 지속적 폭력을 위한 것이 아니라 오히려 분쟁을 신속하고 공평하게 해결하기 위해 고안된 것이다.[2] 이 법은 "정의의 논리"를 말한다.

한편 동태복수법이 문자 그대로 신체적 처벌을 요구하는 "보복적 원칙"인지, 아니면 피해에 상응하는 물질로 배상하는 "보상적 원칙"인 지도 논란이 된다. 그리고 흔히 이 법은 보상의 원칙으로 이해된다. 즉 피해자가 가해자에게 눈에는 눈으로, 이에는 이로 보복할 수 있다는 것 이 아니라, 상해를 입힌 경우에는 그에 상당한 보상을 해야 한다는 법

---

1   대니얼 I. 블록 외, 차준희 역, 『구약 설교, 어떻게 할 것인가?: 구약 설교의 이론과 실제』 (*He Began With Moses*, 서울: 새물결플러스, 2019), 393.

2   대니얼 I. 블록 외, 『구약 설교, 어떻게 할 것인가?: 구약 설교의 이론과 실제』, 394.

칙이라는 것이다. 그러나 이러한 이해에도 문제가 있다. 상류층이나 권력층에 속한 사람이 그렇지 못한 사람에게 육체적 상해를 입혀놓고 금전을 지불하여 쉽게 무마하는 것을 방지할 수 없기 때문이다.

물론 이 법은 문자적으로 피해자의 신체적 상해를 보상하거나 보복하기 위하여 가해자의 신체를 동일하게 훼손할 것을 요구하거나 이를 정당화하는 법은 아니다. 구약성경에서는 신명기 25:11-12의 예외적인 경우 하나를 제외한다면, 실제적으로 신체를 절단하는 처벌이 나타난 적은 없다.[3]

> 11) 두 사람이 서로 싸울 때에 한 사람의 아내가 그 치는 자의 손에서 그의 남편을 구하려 하여 가까이 가서 손을 벌려 그 사람의 음낭을 잡거든, 12) 너는 그 여인의 손을 찍어버릴 것이고 네 눈이 그를 불쌍히 여기지 말지니라(신 25:11-12).

따라서 동일한 처벌로서 실제로 눈을 빼거나 손을 절단한다는 것은 구약성경에서 생각할 수 없는 일이다.

그러므로 "눈은 눈으로, 이는 이로"라는 표현은 문자적이라기보다 관용적인 표현구로 이해되어야 한다. 이 관용구는 어떤 사람이 실명하게 되었다면 그를 실명하게 한 가해자에게도 그만큼의 피해에 해당하는, 피해와 동등한 "급"의 처벌이 주어져야 함을 의미한다. 아마도 이에

---

3   K. Grünwaldt, *Auge um Auge, Zahn um Zahn? Das Recht im Alten Testament* (Mainz: Matthias-Grünwald-Verlag, 2002), 131.

해당하는 처벌로는 추방, 소유물이나 소유권의 상실, 형벌적 감금이나 억류, 특별한 경우(즉 피해자의 요구 시)의 금전적 처벌, 신체적 형벌이나 공개적 굴욕 등의 처분이 내려졌을 것이다.[4]

> 2) 이에 바스훌이 선지자 예레미야를 때리고 여호와의 성전에 있는 베냐민 문 위층에 목에 씌우는 나무 고랑으로 채워 두었더니, 3) 다음날 바스훌이 예레미야를 목에 씌우는 나무 고랑에서 풀어 주매, 예레미야가 그에게 이르되 "여호와께서 네 이름을 바스훌이라 아니하시고 마골밋사빕이라 하시느니라"(렘 20:2-3).

> 여호와께서 너를 제사장 여호야다를 대신하여 제사장을 삼아 여호와의 성전 감독자로 세우심은 모든 미친 자와 선지자 노릇을 하는 자들을 목에 씌우는 나무 고랑과 목에 씌우는 쇠 고랑을 채우게 하심이어늘(렘 29:26).

> 그가 이러한 명령을 받아 그들을 깊은 옥에 가두고 그 발을 차꼬에 든든히 채웠더니(행 16:24).

동태복수법이 어떻게 적용되었는지는 출애굽기 21:26-27에서 바로 확인할 수 있다.

---

4   D. K. Stuart, *Exodus*, 493-494.

26) 사람이 그 남종의 한 눈이나 여종의 한 눈을 쳐서 상하게 하면 그 눈에 대한 보상으로 그를 놓아 줄 것이며, 27) 그 남종의 이나 여종의 이를 쳐서 빠뜨리면 그 이에 대한 보상으로 그를 놓아 줄지니라(출 21:26-27).

이곳에서도 동태복수법은 비문자적으로 적용되고 있다. 주인이 종의 눈이나 이에 상해를 가했으면 그 처벌로 자신의 눈이나 이에 동일한 상해를 가하는 것이 아니라, 종을 놓아줌으로써 종의 노동력을 완전히 상실하게 된다.

동태복수법의 의도는 단순하다. 어떠한 차별이나 구별 없이 모든 이에게 공평성이 실현되어야 한다는 것이다. 즉, 신체적 상해를 야기한 행위에 대한 처벌은 그 상해의 성격에 부합해야 한다. 한 사람이 다른 사람을 영구적 불구가 되도록 만들었다면 자신도 (그대로는 아니지만) 동등한 "급"으로 처벌받아야 한다. 구약의 율법은 다른 이를 평생 불구인 상태로 만들어 놓고 단순히 금전적 보상만으로 값을 치렀다고 생각하고 죄의식 없이 사는 것을 용납하지 않는다.

이 동태복수법은 법 앞에서 공평히 처리하여 하층 계급을 보호해 주는 규범이며 힘없는 자들의 보호 수단이다. 이 법의 본래적 기능은 힘 있는 사람이 그들의 물질적 힘을 이용하여 법정에서 영향력을 행사하는 것을 억제하는 것이다.[5] 따라서 "눈은 눈으로"라는 원칙에는 사실상 관계된 사람들의 경제적 상태나 사회적 위치를 전혀 개입시키지 않

---

5   F. Crüsemann, "'Auge um Auge...'(Ex 21,24f). Zum sozialgeschichtlichen Sinn des Talionisgesetzes im Bundesbuch," *Evangelische Theologie* 47 (1987), 411-426.

고 공정함을 유지하려는 의도가 있다.

　　구약의 법은 경제적·사회적 신분 차이를 무시하고 온전히 공평하게 동태복수법을 적용할 것을 요구한다. 그래서 함무라비법처럼 대리 처벌이나 마구잡이식 금전 보상 규정을 두지 않았다. 함무라비법은 상류 계층이 피해자일 경우에만 동태복수법을 적용시키고 상류 계층이 가해자일 경우에는 금전 보상을 원칙으로 하고 있다. 이는 하나님이 의도하신 정의의 논리에 어긋난다. 힘 있는 자들의 폭력은 결코 돈으로 해결될 수 없으며 그들도 그만한 대가를 치러야 한다. 이는 강자의 폭력을 막는 수단이 된다. 부자에게 벌금형을 내려 자신이 행사한 신체적 폭력 행위의 대가에서 벗어나게 하는 것은 하나님의 법 의도에 어긋난다. 육체적 상해를 입혀놓고 금전을 지불하여 무마하려 하는 악습이나 관행은 없어져야 한다. 법을 위반한 자는 반드시 그에 상응하는 처벌을 받아야 한다. 그러나 그 처벌도 위반에 합당한 것이어야 하며 지나친 처벌은 방지되어야 한다. 이것이 동태복수법의 본래 의도다. 공정함과 공평함 말이다.

15장
새끼와 그 어미의 젖을 섞지 말라고?
"염소 새끼를 그 어미의 젖으로 삶지 말지니라"(출 23:19)

출애굽기 23:19을 보면 "너는 염소 새끼를 그 어미의 젖으로 삶지 말지니라"라는 금지 명령이 등장한다. 왜 새끼를 그 어미의 젖으로 삶지 말라고 했을까? 이와 같은 금지 명령은 구약성경에서 이 본문에 나온 것을 포함하여 총 세 번 언급된다.

> 네 토지 소산의 처음 익은 것을 가져다가 네 하나님 여호와의 전에 드릴지며, 너는 **염소 새끼를 그 어미의 젖으로 삶지 말지니라**(출 34:26).

> 너희는 너희의 하나님 여호와의 성민이라. 스스로 죽은 모든 것은 먹지 말 것이나, 그것을 성중에 거류하는 객에게 주어 먹게 하거나 이방인에게 파는 것은 가하니라. 너는 **염소 새끼를 그 어미의 젖에 삶지 말지니라**(신 14:21).

이 가운데 신명기의 금지 명령은 음식 관련 규정을 다루는 맥락에서 등장하고, 나머지 두 본문인 출애굽기의 금지 명령은 절기 관련 규정을 언급하는 맥락에서 나타난다. 유대교는 식사 예법인 코쉐르(Kosher)에서 이 말씀을 "육류(염소 새끼)와 낙농 제품(어미 젖)을 섞지 않는 것"으로 해석한다. 동일한 요구가 오경에서 세 차례나 반복되어 나타나기 때문에 유대인들은 오늘날에도 이 규례를 철저히 지킨다. 아마도 음식 규정의 맥락에서 다루는 신명기 본문을 수용하여 이 규정을 해석한 것으로 보인다.

그러나 출애굽기 본문은 이와 달리 제사 드리는 상황을 다루고 있음을 유념해야 한다.[1] 그렇다면 과연 새끼를 어미 젖으로 삶는 행위는 본래 어떤 의미이며, 구약성경은 왜 이러한 행위를 세 번에 걸쳐 강조하면서까지 금하고 있는 것일까?[2]

어미가 새끼에게 젖을 먹이는 것은 고대 사회에서 흔히 볼 수 있는 그림이다. 이러한 묘사는 "풍요의 상징", 특히 "생명의 상징"으로 이해된다. 따라서 새끼를 어미의 젖으로 삶는 행위는 생명과 죽음을 뒤섞는 행동으로 간주될 수 있다. 따라서 이를 금지하는 것은 "생명에 대한 존중"을 요구하는 것으로 해석된다.[3] 필론도 이와 비슷한 설명을 한 적이 있다.

살아 있는 짐승을 먹이는 물질을 양념으로 사용하여, 그 짐승을 죽인 후에 동일한 것으로 맛을 내는 것은 매우 부적절하다.···인간은 생명을 지탱케 했던 것을 남용해서는 안 된다.[4]

---

1   C. Houtman, *Exodus 20-40* (Historical Commentary on the Old Testament; Leuven: Peeters, 2000), 269.
2   이러한 문제에 대한 다양한 입장과 그에 대한 평가를 알아보기 위해서는 다음을 참조하라. W. H. C. Propp, *Exodus 19-40* (The Anchor Bible; New York: Doubleday, 2006), 285-286.
3   J. Milgrom, "You Shall Not Boil a Kid in Its Mother's Milk," *Bib Rev* 1 (1985), 48-55.
4   빅터 P. 해밀턴, 『출애굽기』(*Exodus*, 서울: 솔로몬, 2017), 681에서 재인용.

생명을 가져오는 어떤 것(영양분을 위한 젖)을 죽음을 가져오기 위한 것 (요리를 위한 젖)으로 사용하지 말라는 것이다. 이러한 관점은 양육하는 어미의 젖과 새끼의 죽은 몸을 혼합하는 것을 "삶과 죽음의 문란한 결합"으로 본다. 이전에 생명을 가져왔던 것이 이제 죽음을 가져오는 것은 옳지 않다.[5] 어미젖의 생명력은 자식의 죽음에 사용될 수 없다.[6] 따라서 이 규정은 이스라엘이 주변 다른 나라와는 다르게, 생명을 존중하라는 야웨 하나님의 요구를 실천하며 살아야 함을 가르친다. 생명 존중에는 동물도 예외가 아니다.

> 29) 너는 네가 추수한 것과 네가 짜낸 즙을 바치기를 더디하지 말지며, 네 처음 난 아들들을 내게 줄지며, 30) 네 소와 양도 그와 같이 하되 이레 동 안 어미와 함께 있게 하다가 여드레 만에 내게 줄지니라(출 22:29-30).

이러한 휴머니즘적 해석(humanitarian interpretation)도 가능한 한편, 그와 동시에 종교적인 해석도 함께 고려해야 한다. 오늘날 많은 학자는 이 금령을 당시 가나안 족속의 우상숭배 관습과 연관하여 해석한다.[7] 이 구절에 관하여 사마리아 오경에 첨가된 부분이 이러한 견해를 뒷받침한다. 사마리아 오경에는 이 구절에 더하여 "왜냐하면 이를 행함은 망각의 제사와 같고, 그것은 야곱의 하나님을 범하는 것이기 때문이다"라는 문구가 삽입되어 있다. 이런 문구는 히브리어 성경 사본 어디에도 없지

---

5   빅터 P. 해밀턴, 『출애굽기』, 681.
6   J. Milgrom, *Leviticus 1-16* (The Anchor Bible; New York: Doubleday, 1991), 737-742.
7   G. Fischer/D. Markl, *Das Buch Exodus*, 264.

만, 본문의 의미를 해석하는 데 중요한 단서를 제공하고 있다.[8] 여기서 "망각의 제사"와 "야곱의 하나님을 범하는 것"이라는 표현은 야웨 하나님 예배와 정면으로 배치되는 우상숭배와 연관된 것으로 보인다.

그렇다면 이러한 관습이 어떤 면에서 가나안 풍습과 관련이 있는지를 좀 더 자세히 살펴보자. 먼저 염소 새끼를 우유에 삶고 양을 버터에 삶는 요리가 당시 가나안에서는 일반적인 관습이었다는 점을 염두에 둬야 한다. 이러한 관습은 우가리트 문헌에서 발견될 뿐 아니라, 오늘날 중동 지역의 베두인들(Bedouins) 사이에도 작은 소를 우유에 삶는 관습이 이어지고 있다.[9] 또한 요르단의 유목민 사이에서는 새끼를 어미의 젖에 삶는 것이 최고의 접대 음식으로 여겨진다고 한다.[10]

가나안의 풍요 종교(fertility religion)는 고대 근동 세계 여기저기서 발견되는 풍요 의식(fertility cult)을 모방한 것이다. 이는 밭에 씨를 뿌릴 때 종자들을 섞는 일과도 관련된다. 구약 율법에서는 이러한 관습을 금지하고 있다.

> 너희는 내 규례를 지킬지어다. 네 가축을 다른 종류와 교미시키지 말며 네 밭에 두 종자를 섞어 뿌리지 말며 두 재료로 직조한 옷을 입지 말지며 (레 19:19).

> 네 포도원에 두 종자를 섞어 뿌리지 말라. 그리하면 네가 뿌린 씨의 열매

8   김경래, 『구약성경난제 1: 창세기, 출애굽기, 레위기』(안양: 대장간, 1998), 194-195.

9   U. Cassuto, *A Commentary on the Book of Exodus*, 305.

10   박요한 영식, 『탈출기(2): 19-40장』(서울: 성서와함께, 2018), 73.

와 포도원의 소산을 다 빼앗길까 하노라(신 22:9).

씨를 뿌릴 때 종자를 섞는 가나안의 풍요 의식은 주술적으로 자연의 출산력을 자극하고 보다 풍성한 수확을 가져다준다고 여겨졌다. 이러한 맥락에서 암염소의 젖(우유)은 새끼 염소를 크고 강하게 한다는 가나안의 민간 신앙이 생겨났다. 이 신앙에 따르면 희생제사 과정에 사용되는 암염소의 젖은 염소 떼에게 힘을 나눠주고 이들을 더 풍요롭게 한다. 이런 터무니없는 생각은 운명을 결정하는 힘과 풍요로운 삶으로 이끄는 근원이 가나안의 주술적 관습과 풍요 종교에 있다는 잘못된 인식으로 이스라엘 백성을 호도했을 것이다.[11] 가나안의 풍요 종교는 실생활에서 이스라엘 백성에게 큰 유혹이었고, 다수의 이스라엘 백성이 하나님을 배반하고 가나안의 우상숭배를 수용하기도 했다.

> 엘리야가 모든 백성에게 가까이 나아가 이르되 "너희가 어느 때까지 둘 사이에서 머뭇머뭇 하려느냐? 여호와가 만일 하나님이면 그를 따르고, 바알이 만일 하나님이면 그를 따를지니라" 하니 백성이 말 한마디도 대답하지 아니하는지라(왕상 18:21).

> 곡식과 새 포도주와 기름은 내가 그에게 준 것이요
> 그들이 바알을 위하여 쓴 은과 금도
> 내가 그에게 더하여 준 것이거늘

---

11   D. K. Stuart, *Exodus*, 539-540.

그가 알지 못하도다(호 2:8).

주변의 다른 민족들 모두 이러한 의식과 풍습을 따르고 있다고 해도 언약 백성인 이스라엘만큼은 이를 수용해서는 안 되었다.

한편 제의적인 맥락에서 언급된 출애굽기의 두 가지 금지 규정(출 23:19; 34:26)과는 달리, 신명기의 금지 규정(신 14:21)은 음식 관련 규정을 다루는 맥락에서 등장한다. 신명기 규정에서도 하나님의 거룩한 백성은 스스로 죽은 모든 것을 먹지 말라고 요구하고 있다. 스스로 죽은 것을 같이 살고 있는 거류하는 객이나 이방인에게 팔 수는 있다. 이방인은 이러한 것을 취할 수 있다. 하지만 하나님의 백성은 그들과 같이 취하거나 먹어서는 안 된다. 이어서 같은 맥락에서 염소 새끼를 그 어미의 젖에 삶지 말라는 금지 명령이 언급된다. 여기에는 새끼를 어미젖으로 삶는 행위가 이방인의 풍습이라는 점이 전제되어 있다.[12] 그러나 언약 백성은 이방인과는 달라야 한다.

이와 같이 새끼를 어미젖으로 삶는 행위는 생명의 근원인 하나님을 무시하는 가나안적 제의 관습이기 때문에 세 번이나 강하게 금지한 것이다. 하나님의 백성은 모든 생명의 근원이 되며 이를 끝까지 책임지고 보존하는 분이 야웨 하나님 한 분임을 알아야 했다. 야웨 하나님이 유일한 생명의 주관자라는 사실은 예나 지금이나 양보할 수 없는 야웨 신앙의 근본이기 때문이다.

---

12   C. Dohmen, *Exodus 19-40* (Herders Theologischer Kommentar zum Alten Testament; Freiburg/Basel/Wien: Herder, 2012), 191.

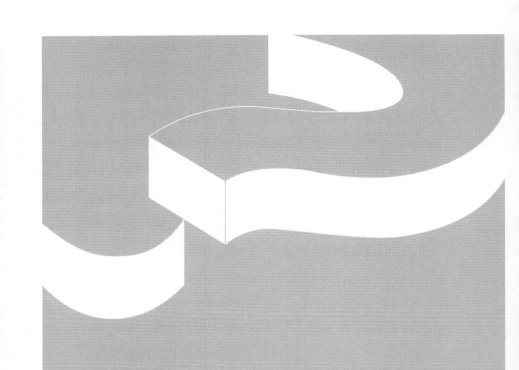

16장

생명책은 뭐지?

"주께서 기록하신 책에서 내 이름을 지워버려 주옵소서"(출 32:32)

모세는 시내산에 40일 동안 머물면서 하나님이 주신 말씀을 다 받은 후 하나님이 친히 기록하신 두 개의 증거판을 수여받게 된다.

여호와께서 시내 산 위에서 모세에게 이르시기를 마치신 때에 증거판 둘을 모세에게 주시니, 이는 돌판이요 하나님이 친히 쓰신 것이더라(출 31:18).

그러나 산 아래의 백성들은 금송아지를 만들어서 이것을 이집트 땅에서 그들을 인도해낸 야웨와 동일시하는 엄청난 죄를 저지르고 말았다.

아론이 그들의 손에서 금 고리를 받아 부어서 조각칼로 새겨 송아지 형상을 만드니 그들이 말하되 "이스라엘아, 이는 너희를 애굽 땅에서 인도하여 낸 너희의 신이로다" 하는지라(출 32:4).

당연히 하나님은 이 백성에게 진노하며 그들을 진멸하려고 하셨다.

그런즉 내가 하는 대로 두라. 내가 그들에게 진노하여 그들을 진멸하고 너를 큰 나라가 되게 하리라(출 32:10).

이때 모세는 두 번에 걸쳐서 백성을 위해 중보기도한다. 첫 번째 중보기도는 이스라엘이 당면한 파국의 위협을 취소해달라는 기도다.

> 11) 모세가 그의 하나님 여호와께 구하여 이르되 "여호와여, 어찌하여 그 큰 권능과 강한 손으로 애굽 땅에서 인도하여 내신 주의 백성에게 진노하시나이까? 12) 어찌하여 애굽 사람들이 이르기를 '여호와가 자기의 백성을 산에서 죽이고 지면에서 진멸하려는 악한 의도로 인도해 내었다'고 말하게 하시려 하나이까? 주의 맹렬한 노를 그치시고 뜻을 돌이키사 주의 백성에게 이 화를 내리지 마옵소서. 13) 주의 종 아브라함과 이삭과 이스라엘을 기억하소서. 주께서 그들을 위하여 주를 가리켜 맹세하여 이르시기를 '내가 너희의 자손을 하늘의 별처럼 많게 하고 내가 허락한 이 온 땅을 너희의 자손에게 주어 영원한 기업이 되게 하리라' 하셨나이다." 14) 여호와께서 뜻을 돌이키사 말씀하신 화를 그 백성에게 내리지 아니하시니라(출 32:11-14).

두 번째 중보기도는 금송아지 분쇄 이후 용서를 구하는 기도다.

> 30) 이튿날 모세가 백성에게 이르되 "너희가 큰 죄를 범하였도다. 내가 이제 여호와께로 올라가노니 혹 너희를 위하여 속죄가 될까 하노라" 하고 31) 모세가 여호와께로 다시 나아가 여짜오되 "슬프도소이다. 이 백성이 자기들을 위하여 금 신을 만들었사오니 큰 죄를 범하였나이다. 32) 그러나 이제 그들의 죄를 사하시옵소서. 그렇지 아니하시오면 원하건대 주께서 기록하신 책에서 내 이름을 지워 버려 주옵소서"(출 32:30-32).

여기서 모세는 "그들의 죄를 사하시옵소서. 그렇지 아니하시오면 원하건대 주께서 기록하신 책에서 내 이름을 지워 버려 주옵소서"(출 32:32)라고 기도한다. 여기서 "주께서 기록하신 책"이란 무엇을 말하는 것일까?

"주께서 기록하신 책"은 당시 고대 근동 세계에 널리 퍼져 있던 "하늘의 책"(the heavenly books)이라는 표상을 반영한 것으로 보인다. 구약성경에는 이러한 하늘의 책에 속하는 것으로 세 가지 종류의 책이 언급된다.[1]

첫째, "생명책"(the book of life)이다. 이 책은 시편 69:28에 명백히 언급되어 있다.

> 그들을 **생명책**에서 지우사
> 의인들과 함께 기록되지 말게 하소서(시 69:28).

하나님은 생명책에 모든 산 자의 이름을 기록해놓으신다.

> 시온에 남아 있는 자,
> 예루살렘에 머물러 있는 자,
> 곧 예루살렘 안에 생존한 자 중
> 기록된 모든 사람은 거룩하다 칭함을 얻으리니(사 4:3).

---

1   N. M. Sarna, *Exodus*, 209.

여호와께서 이와 같이 말씀하시니라.

"너희는 이 사람이 자식이 없겠고

그의 평생 동안 형통하지 못할 자라 기록하라.

이는 그의 자손 중 형통하여

다윗의 왕위에 앉아

유다를 다스릴 사람이 다시는 없을 것임이라" 하시니라(렘 22:30).

이러한 책의 언급은 백성을 등록하여 그 명단을 보관하는 관습에서 유래한 것으로 보인다.[2]

그 선지자들이 허탄한 묵시를 보며 거짓 것을 점쳤으니, 내 손이 그들을 쳐서 내 백성의 공회에 들어오지 못하게 하며 이스라엘 족속의 호적에도 기록되지 못하게 하며 이스라엘 땅에도 들어가지 못하게 하리니, 너희가 나를 여호와인 줄 알리라(겔 13:9).

이스라엘 왕국은 인구를 조사하여 조세와 징병의 기초 자료로 삼기도 하였다(민 1:3; 26:2). 한편 영원한 생명을 누릴 사람의 명단을 기록한 생명책은 신약성경에도 여러 차례 언급된다.

"그러나 귀신들이 너희에게 항복하는 것으로 기뻐하지 말고 **너희 이름이 하늘에 기록된 것**으로 기뻐하라" 하시니라(눅 10:20).

---

2   박요한 영식, 『탈출기(2): 19-40장』, 137.

또 참으로 나와 멍에를 같이한 네게 구하노니, 복음에 나와 함께 힘쓰던 저 여인들을 돕고 또한 글레멘드와 그 외에 나의 동역자들을 도우라. **그 이름들이 생명책에 있느니라**(빌 4:3).

이기는 자는 이와 같이 흰 옷을 입을 것이요, 내가 **그 이름을 생명책**에서 결코 지우지 아니하고 그 이름을 내 아버지 앞과 그의 천사들 앞에서 시인하리라(계 3:5).

죽임을 당한 어린 양의 생명책에 창세 이후로 이름이 기록되지 못하고, 이 땅에 사는 자들은 다 그 짐승에게 경배하리라(계 13:8).

둘째, "신적 판결의 책"(the book of divine decrees)이다. 구약성경에 이런 용어가 나오지는 않지만 의미상 이런 이름을 붙였다. 이 책에는 개인과 백성들의 운명이 기록되어 있다.

그때에 내가 말하기를 "내가 왔나이다.
나를 가리켜 기록한 것이 **두루마리 책**에 있나이다"(시 40:7).

내 형질이 이루어지기 전에
주의 눈이 보셨으며
나를 위하여 정한 날이 하루도 되기 전에
주의 책에 다 기록이 되었나이다(시 139:16).

셋째, "기념책(비망록)"(the book of remembrance)이다. 이 책은 말라기 3:16 에서 언급된다.

> 그때에 여호와를 경외하는 자들이 피차에 말하매, 여호와께서 그것을 분명히 들으시고 여호와를 경외하는 자와 그 이름을 존중히 여기는 자를 위하여 여호와 앞에 있는 **기념책**에 기록하셨느니라(말 3:16).

이 기념책에는 인간의 선한 행동과 악한 행동이 모두 기록된다.

> 보라, 이것이 **내 앞에 기록되었으니**
> 내가 잠잠하지 아니하고 반드시 보응하되
> 그들의 품에 보응하리라(사 65:6).

> 불이 강처럼 흘러 그의 앞에서 나오며
> 그를 섬기는 자는 천천이요
> 그 앞에서 모셔 선 자는 만만이며
> 심판을 베푸는데
> **책들**이 펴 놓였더라(단 7:10).

그런데 요한계시록 20:12-15은 영생에 들어갈 사람의 이름만 담겨 있는 "생명책"과 모든 사람의 행위를 기록한 "행위책"이라는 두 종류의

책을 구분해서 언급하고 있다.[3]

12) 또 내가 보니 죽은 자들이 큰 자나 작은 자나 그 보좌 앞에 서 있는데, 책들이 펴 있고 또 다른 책이 펴졌으니 곧 **생명책**이라. 죽은 자들이 **자기 행위를 따라 책들**[행위책-필자 주]에 기록된 대로 심판을 받으니, 13) 바다가 그 가운데에서 죽은 자들을 내주고 또 사망과 음부도 그 가운데에서 죽은 자들을 내주매 각 사람이 자기의 행위대로 심판을 받고 14) 사망과 음부도 불못에 던져지니, 이것은 둘째 사망 곧 불못이라. 15) 누구든지 **생명책**에 기록되지 못한 자는 불못에 던져지더라(계 20:12-15).

확실하지는 않지만 요한계시록의 행위책과 말라기의 기념책은 적어도 사람의 행위가 기록된다는 점에서는 유사하다고 할 수 있다.

출애굽기 32장의 책은 이러한 세 가지 책 가운데 "생명책"을 가리키는 것으로 보인다. 모세는 이 생명책에서 자신의 이름을 지워달라고 요청하고 있다. 이는 하나님이 간직하고 있는 특별한 책에서 자신의 이름을 제거해달라는 요구로서, 곧 죽음을 의미한다.

여기서 한 가지 주목할 사실은 이 생명책이 목동들의 관습에서 영향을 받은 것일 수도 있다는 점이다.[4] 문자를 기록할 수 없는 목동들은 자신이 키우는 가축의 숫자를 정확하게 기억하기 위하여 작은 주머니 안에 가축의 숫자만큼 작은 조약돌을 집어넣고 다녔다. 새로운 가축이

---

3   김경래, 『구약성경난제 1: 창세기, 출애굽기, 레위기』, 202.
4   D. K. Stuart, *Exodus*, 685-688, 특히 686.

태어나거나 새로 가축을 구입할 때마다 주머니에 그 숫자에 해당되는 만큼의 작은 돌을 추가하였다. 반대로 가축을 잃게 되면 주머니에서 그만큼의 돌을 제거하여 밖으로 집어던졌다. 사무엘상 25:29에는 이러한 관습이 비유적으로 잘 표현되어 있다.

> 사람이 일어나서 내 주[다윗]를 쫓아 내 주[다윗]의 생명을 찾을지라도 내 주[다윗]의 생명은 내 주[다윗]의 하나님 여호와와 함께 **생명 싸개** 속에 싸였을 것이요, 내 주[다윗]의 원수들의 생명은 물매로 던지듯 여호와께서 그것을 던지시리이다(삼상 25:29).

이 본문은 아비가일이 자신의 어리석은 남편 나발에 대해 보복하려는 다윗을 막기 위해 한 말이다. 아비가일은 야웨 하나님이 다윗의 생명을 보존한다는 사실을 비유적으로 표현하고 있다. 여기서 "생명 싸개"는 문자적으로 "생명의 묶음" 혹은 "생명의 주머니"라는 뜻이다. 이러한 상징적인 표현은 가축을 헤아리는 특별한 관습에서 비롯된 것이다. 목동이 가축 한 마리를 헤아릴 때마다 돌을 하나씩 주머니에 넣던 관습 말이다. 생명의 주머니에 머물면 계속해서 생존하는 것이고 밖으로 던져지면 생명을 잃는 것이다.

다윗이 하나님의 "생명 싸개" 속에 있듯이 모세는 하나님의 생명책에 그 이름이 기록되어 있었다. 여기에는 중요한 사실 한 가지가 담겨 있다. 모든 사람은 출생과 동시에 이미 생명책에 그 이름이 기록되어 있다는 것이다. 하나님은 모든 사람이 영원한 생명에 머물기(영생)를 원하신다.

하나님이 세상을 이처럼 사랑하사 독생자를 주셨으니, 이는 그를 믿는 자마다 멸망하지 않고 영생을 얻게 하려 하심이라(요 3:16).

하나님은 모든 사람이 구원을 받으며 진리를 아는 데에 이르기를 원하시느니라(딤전 2:4).

주의 약속은 어떤 이들이 더디다고 생각하는 것 같이 더딘 것이 아니라. 오직 주께서는 너희를 대하여 오래 참으사, 아무도 멸망하지 아니하고 다 회개하기에 이르기를 원하시느니라(벧후 3:9).

하나님의 생명책에 기록된 사람은 인생의 소속을 늘 명심하고 자신의 정체성을 의식하며 하나님 나라의 가치관을 가지고 산다.

17장

구약의 제사, 다 폐기된 것 아닌가?
오늘날에도 의미가 있나?

"여호와께 향기로운 냄새니라"(레 1:9)

레위기는 복잡한 제사법으로 인해 그리스도인들에게 외면당하곤 한다. 그런데 유대인들은 자녀에게 모세 오경을 가르칠 때 레위기를 가장 먼저 읽힌다고 한다. 레위기는 사실 "복음"을 담고 있는 책이다. 죄를 용서받을 수 있는 구체적이고 실질적인 방법을 마련하고 있기 때문이다. 출애굽이 "타인(이집트)의 죄로부터의 구원"인 반면, 희생제사는 "자기 죄로부터의 구원"이다.[1] 특히 레위기 1-7장에 언급된 다섯 가지 제사(번제, 소제, 화목제, 속죄제, 속건제)는 하나님과 올바른 관계를 형성하도록 이끄는 은혜의 통로였다.

제사는 "신의 식사"인가? 사실 메소포타미아와 같은 이스라엘 인근 세계에서 제사는 신의 식사로 간주되었다. 적어도 가나안 사람들의 의식 속에 있는 신들은 음식을 섭취해야 하는 존재였다.[2] 고대 메소포타미아 문명은 희생제물을 일차적으로 신을 돌보고 먹이는 수단으로 보았다. 이러한 돌봄에는 신이 거주할 신전을 제공하고 신상의 얼굴들을 깨끗하게 유지하며 신상의 몸에 위엄 있는 옷을 입히고 신들에게 풍

---

1   브루스 C. 버치 외, 『신학의 렌즈로 본 구약개관』, 209.
2   롤랑 드 보, 김건태 역, 『구약성경의 제도들(2)』(*Les Institutions de l'Ancien Testament II*, 화성: 수원가톨릭대학교출판부, 2017), 295.

요로운 음식과 향료를 바치는 행위가 따랐다.[3]

구약성경에도 이와 유사한 내용이 반영되어 있다. 즉, 하나님이 기뻐 받으시는 제물의 향기가 종종 "마음을 진정시키는 향기, 기쁘게 하는 향기"(창 8:21)로 간주되고 있다. 또 성경은 희생제물을 "내 헌물, 내 음식인 화제물, 내 향기로운 것"(민 28:2)이라고 말하며 제단을 "여호와의 식탁"(말 1:12; 참조. 겔 39:20; 44:16; 말 1:7)이라고 말하기도 한다. 그러나 "모세의 노래"를 보면 이방신들은 사람을 의지하여 그들이 바치는 것을 먹고 마신다고 조롱한다.

그들의 제물의 기름을 먹고

그들의 전제의 제물인 포도주를 마시던 자들(이방신들)이 일어나

너희를 돕게 하고

너희를 위해 피난처가 되게 하라(신 32:38).

또한 시편 저자는 이방신들과 야웨 하나님은 차원이 다르다고 분명히 말한다.

12) 내가 가령 주려도 네게 이르지 아니할 것은

세계와 거기에 충만한 것이 내 것임이로다.

13) 내가 수소의 고기를 먹으며

---

3   다니엘 L. 블록, 전남식 역, 『영광의 회복: 성경적인 예배 신학의 회복』(*For the Glory of God*, 서울: 성서유니온, 2019), 392.

염소의 피를 마시겠느냐?(시 50:12-13)

야웨 하나님은 이방신들과 다르다. 그는 사람들이 바치는 제물을 탐하거나 먹는 분이 아니다. 그렇다면 이스라엘에게 요구하신 제사에는 어떤 의미가 있는가? 먹을 것도 아니면서 왜 제사를 요구하시는가? 각 제사의 목적과 오늘날의 의미를 살펴보도록 하자.

첫 번째로 언급되는 제사는 "번제"(עֹלָה, 올라, 'burnt offering')다(레 1:3-17). 번제는 레위기 1-5장의 제사 목록 가운데 가장 먼저 나온다. "제사가 하나님을 기쁘시게 한다"는 관념은 레위기 1-3장에 나오는 특유의 어구 "제단 위에서 불살라 번제를 드릴지니 이는 화제라. 여호와께 향기로운 냄새니라"(레 1:9, 13, 17)로 표현되어 있다. 여기서 제물의 향기로운 냄새는 사람이 아닌 하나님을 진정시킨다.[4]

창세기 8:21-22에 보면 번제로 말미암아 하나님이 사람을 대하시는 태도가 완전히 바뀐다. 홍수 대신 수확이 멈추지 않을 것이라는 약속이 주어지고, 땅이 절대로 우주적인 홍수로 인해 멸망하지 않을 것이라는 언약이 미래 세대를 위하여 주어진다. 따라서 번제는 죄를 제거하거나 사람의 본성을 바꾸지는 못하지만, 죄인인 사람과 거룩하신 하나님의 교제(화목)를 가능하게 함으로 속죄의 기능을 한다.

그는 번제물의 머리에 안수할지니, 그를 위하여 기쁘게 받으심이 되어 그를 위하여 속죄가 될 것이라(레 1:4).

---

4   고든 웬함, 김귀탁 역, 『레위기』(NICOT; 서울: 부흥과개혁사, 2014), 65-66.

번제의 핵심 기능은 하나님의 진노를 진정시킴으로써 "속죄"하는 데 있었다. 번제는 속죄를 위하여 날마다 아침저녁으로 두 번씩 드려야 했다.

> 38) 네가 제단 위에 드릴 것은 이러하니라. 매일 일 년 된 어린 양 두 마리니, 39) 한 어린 양은 아침에 드리고 한 어린 양은 저녁 때에 드릴지며 40) 한 어린 양에 고운 밀가루 십분의 일 에바와 찧은 기름 사분의 일 힌을 더하고 또 전제로 포도주 사분의 일 힌을 더할지며, 41) 한 어린 양은 저녁 때에 드리되 아침에 한 것처럼 소제와 전제를 그것과 함께 드려 향기로운 냄새가 되게 하여 여호와께 화제로 삼을지니(출 29:38-41).

오늘날의 그리스도인에게도 날마다 용서와 속죄가 필요하다. 구약 시대의 예배자가 매일 짐승을 바치면서 자신의 죄를 자복하고 하나님의 길을 따라 살겠다고 결심을 했던 것처럼 말이다.

> 7) 그가 빛 가운데 계신 것 같이 우리도 빛 가운데 행하면 우리가 서로 사귐이 있고 그 아들 예수의 피가 우리를 모든 죄에서 깨끗하게 하실 것이요, 8) 만일 우리가 죄가 없다고 말하면 스스로 속이고 또 진리가 우리 속에 있지 아니할 것이요, 9) 만일 우리가 우리 죄를 자백하면 그는 미쁘시고 의로우사 우리 죄를 사하시며 우리를 모든 불의에서 깨끗하게 하실 것이요(요일 1:7-9).

두 번째로 "소제"(מִנְחָה, 민하, 'grain offering')가 있다(레 2:1-16). 레위기 2장에는 소제물을 바치는 목적이 언급되지 않는다. 히브리어 "민하"는 종종 "공물", 즉 봉신이 자신의 영주에게 지속적인 호의와 충성의 표시로 제공하는 "선물"을 의미한다.

다윗이 다메섹 아람에 수비대를 두매, 아람 사람이 다윗의 종이 되어 **조공**(מִנְחָה, 민하)을 바치니라. 다윗이 어디로 가든지 여호와께서 이기게 하시니라(삼하 8:6).

24) 온 세상 사람들이 다 하나님께서 솔로몬의 마음에 주신 지혜를 들으며 그의 얼굴을 보기 원하여 25) 그들이 각기 **예물**(מִנְחָה, 민하)을 가지고 왔으니, 곧 은 그릇과 금 그릇과 의복과 갑옷과 향품과 말과 노새라. 해마다 그리하였더라(왕상 10:24-25).

따라서 소제는 신실한 예배자가 자신의 신적 영주인 하나님에게 바치는 "선물"이었다.[5] 사실 선물을 드리는 행위는 이해관계와 무관하지 않다. 제물을 바치는 예배자도 "무언가를 얻고" 선물을 받는 하나님도 어떠한 의무를 지게 되기 때문이다.[6] 따라서 선물을 드리는 행위는 어느 정도 "기쁨과 속셈이 결합된 행동"이다.

20) 야곱이 서원하여 이르되 "하나님이 나와 함께 계셔서 내가 가는 이 길에서 나를 지키시고 먹을 떡과 입을 옷을 주시어 21) 내가 평안히 아

5 　고든 웬함, 『레위기』, 82.
6 　롤랑 드 보, 『구약성경의 제도들(2)』, 299.

버지 집으로 돌아가게 하시오면, 여호와께서 나의 하나님이 되실 것이요 22) 내가 기둥으로 세운 이 돌이 하나님의 집이 될 것이요 하나님께서 내게 주신 모든 것에서 십분의 일을 내가 반드시 하나님께 드리겠나이다" 하였더라(창 28:20-22).[7]

오늘날의 그리스도인은 하나님께 "선물"(예물)을 드림으로써 모든 소유물의 근원이신 야웨를 인정하고 그분께 감사를 표한다.

세 번째는 "화목제"(זֶבַח שְׁלָמִים, 제바흐 쉘라밈, 'peace offering')다(레 3:1-17). 화목제는 선택적 제사이므로 예배자가 드리고 싶을 때 드릴 수 있었다. 화목제는 곤경에서 구원받은 것에 감사하여 한 개인이 가족 및 친구들과 함께 하나님께 드리는 제사다. 그래서 화목제는 감사제, 서원제, 자원제로 드려진다(레 7:15-16). 화목제의 특징은 예배자가 제물로 바쳐진 짐승의 일부를 먹는 것이 허용된다는 점이다.

15) 감사함으로 드리는 화목제물의 고기는 드리는 그날에 **먹을 것이요,** 조금이라도 이튿날 아침까지 두지 말 것이니라. 16) 그러나 그의 예물의 제물이 서원이나 자원하는 것이면 그 제물을 드린 날에 **먹을 것이요,** 그 남은 것은 이튿날에도 **먹되** 17) 그 제물의 고기가 셋째 날까지 남았으면 불사를지니, 18) 만일 그 화목제물의 고기를 셋째 날에 조금이라도 먹으면 그 제사는 기쁘게 받아들여지지 않을 것이라. 드린 자에게도 예물답

---

7   월터 브루그만, 차준희 역, 『고대 이스라엘의 예배: 핵심 가이드』(구약사상문고; *Worship In Ancient Israel: The Essential Guide*, 서울: 대한기독교서회, 2016), 45.

게 되지 못하고 도리어 가증한 것이 될 것이며, 그것을 먹는 자는 그 죄를 짊어지리라. 19) 그 고기가 부정한 물건에 접촉되었으면 먹지 말고 불사를 것이라. 그 고기는 깨끗한 자만 **먹을 것이니**, 20) 만일 몸이 부정한 자가 여호와께 속한 화목제물의 고기를 먹으면 그 사람은 자기 백성 중에서 끊어질 것이요, 21) 만일 누구든지 부정한 것, 곧 사람의 부정이나 부정한 짐승이나 부정하고 가증한 무슨 물건을 만지고 여호와께 속한 화목제물의 고기를 먹으면 그 사람도 자기 백성 중에서 끊어지리라(레 7:15-21).

화목제는 식사하는 것으로 끝나기 때문에 "교제의 식사"라고도 불린다. 화목제의 식사는 하나님의 임재가 특별히 가까이에 있는 것으로 인정된 것이기에 특별히 즐거운 식사였다.

또 화목제를 드리고 거기에서 먹으며 네 하나님 여호와 앞에서 즐거워하라(신 27:7; 참조. 신 12:7).

식사는 타인과 더불어 기쁨과 안녕을 누리게 하는 가장 본질적인 사회적 기회다. 따라서 화목제는 "친교"나 "교제"(communion)의 행위로서 그 안에서 야웨 하나님과 즐거운 친교를 나눌 수 있다.[8]

하나님이 이스라엘 자손들의 존귀한 자들에게 손을 대지 아니하셨고, 그들은 하나님을 뵙고 먹고 마셨더라(출 24:11).

---

8   월터 브루그만, 『고대 이스라엘의 예배: 핵심 가이드』, 45.

그리스도의 십자가 죽음이 번제와 긴밀하게 연결된다면 그리스도께서 제자들과 함께 자신의 살과 피를 나누신 성찬은 화목제와 더 긴밀하게 연결된다.[9] 오늘날의 성찬도 화목제처럼 "엄숙한 시간"인 동시에 "즐거운 시간"으로 보낼 수 있다. 때에 따라서는 즐거운 성찬도 경험할 수 있어야 한다.

네 번째는 "속죄제"(חַטָּאת, 하타트, 'purification offering')다(레 4:1-5:13). 속죄제 의식의 가장 중요한 특징은 제단이나 휘장에 피를 뿌리는 데 있다. 속죄제의 피는 성막을 죄의 더러움에서 정결케 하기 위해 사용되었다. 속죄제의 주목적은 "정결" 혹은 "정화"다. 이 정결의 일차적 목적은 하나님이 자기 백성 가운데 지속적으로 임하시도록 하는 것이다.[10] 죄는 하나님의 성소도 부정하게 하는데 거룩하신 하나님은 부정 속에 거하실 수 없다. 속죄제는 예배의 장소를 정화한다.

> 너희는 이와 같이 이스라엘 자손이 그들의 부정에서 떠나게 하여, 그들 가운데에 있는 내 성막을 그들이 더럽히고 그들이 부정한 중에서 죽지 않도록 할지니라(레 15:31).

또한 속죄제는 하나님의 백성을 정결케 한다.

> 그 송아지를 속죄제의 수송아지에게 한 것 같이 할지며, 제사장이 그것으

---

9   고든 웬함, 『레위기』, 93.
10   고든 웬함, 『레위기』, 113.

로 회중을 위하여 속죄한즉 그들이 사함을 받으리라(레 4:20).

오늘날 그리스도인들에게는 속죄제가 더 이상 필요하지 않다. 그리스도의 십자가 죽음이 정결을 가져왔기 때문이다. 하지만 하나님과의 교제가 다시 확립되려면 반드시 죄를 고백해야 한다. 죄의 고백은 예배의 중요한 요소다.

5) 이 중 하나에 허물이 있을 때에는 "아무 일에 잘못하였노라" 자복하고 6) 그 잘못으로 말미암아 여호와께 속죄제를 드리되 양 떼의 암컷 어린 양이나 염소를 끌어다가 속죄제를 드릴 것이요, 제사장은 그의 허물을 위하여 속죄할지니라(레 5:5-6).

만일 우리가 우리 죄를 자백하면 그는 미쁘시고 의로우사 우리 죄를 사하시며 우리를 모든 불의에서 깨끗하게 하실 것이요(요일 1:9).

다섯 번째는 "속건제"(אָשָׁם, 아샴, 'compensation offering')다(레 5:14-6:7). 속건제의 독특한 요소는 "배상" 혹은 "보상"이다. 그래서 속건제를 "배상제" 혹은 "보상제"라고도 한다. 사람에게 저지른 악행에 대해 값을 지불함으로써 그들과 올바른 관계를 맺는 것처럼 하나님께도 빚진 것을 배상해야 한다.

5) 그 거짓 맹세한 모든 물건을 돌려보내되 곧 그 본래 물건에 오분의 일을 더하여 돌려보낼 것이니 그 죄가 드러나는 날에 그 임자에게 줄 것이

요, 6) 그는 또 그 속건제물을 여호와께 가져갈지니 곧 네가 지정한 가치대로 양 떼 중 흠 없는 숫양을 속건제물을 위하여 제사장에게로 끌고 갈 것이요, 7) 제사장은 여호와 앞에서 그를 위하여 속죄한즉 그는 무슨 허물이든지 사함을 받으리라(레 6:5-7).

이처럼 구약성경에는 이웃에 대한 배상과 하나님에 대한 배상제물을 통하여 하나님의 용서가 임한 것이 나타난다. 신약성경 또한 하나님과 평화를 누리기 원한다면 이웃에게 배상할 것을 요구한다.

23) 그러므로 예물을 제단에 드리려다가 거기서 네 형제에게 원망들을 만한 일이 있는 것이 생각나거든, 24) 예물을 제단 앞에 두고 먼저 가서 형제와 화목하고 그 후에 와서 예물을 드리라(마 5:23-24).

우리가 우리에게 죄 지은 자를 사하여 준 것 같이 우리 죄를 사하여 주시옵고(마 6:12).

8) 삭개오가 서서 주께 여짜오되 "주여, 보시옵소서. 내 소유의 절반을 가난한 자들에게 주겠사오며, 만일 누구의 것을 속여 빼앗은 일이 있으면 네 갑절이나 갚겠나이다." 9) 예수께서 이르시되 "오늘 구원이 이 집에 이르렀으니, 이 사람도 아브라함의 자손임이로다"(눅 19:8-9).

구원의 길은 예배를 통해서, 그리고 우리가 잘못을 저지른 당사자에게

배상하는 것을 통해서 온다.[11]

초기 그리스도교는 예수님의 죽으심을 제사 제도의 종말이자 완성으로 이해하고 그렇게 선포하였다.

8) 위에 말씀하시기를 "주께서는 **제사와 예물과 번제와 속죄제는 원하지도 아니하고 기뻐하지도 아니하신다**" 하셨고 (이는 다 율법을 따라 드리는 것이라) 9) 그 후에 말씀하시기를 "보시옵소서. 내가 하나님의 뜻을 행하러 왔나이다" 하셨으니, 그 첫째 것을 폐하심은 둘째 것을 세우려 하심이라. 10) 이 뜻을 따라 **예수 그리스도의 몸을 단번에 드리심으로 말미암아 우리가 거룩함을 얻었노라.** 11) 제사장마다 매일 서서 섬기며 자주 같은 제사를 드리되 이 제사는 언제나 죄를 없게 하지 못하거니와, 12) 오직 **그리스도는 죄를 위하여 한 영원한 제사를 드리시고** 하나님 우편에 앉으사 13) 그 후에 자기 원수들을 자기 발등상이 되게 하실 때까지 기다리시나니, 14) 그가 거룩하게 된 자들을 **한 번의 제사로 영원히 온전하게 하셨느니라**(히 10:8-14; 참조. 롬 3:25; 엡 5:2; 히 9:14, 26; 13:10-13).

구약 제사의 문자적 의미는 이제 그 생명이 다했다. 그러나 구약 제사의 영적이고 상징적인 의미는 예배를 통하여 계승된다. 오늘날의 예배(제사)는 온전히 하나님께 돌아가는 "완전한 선물"(소제)이며, 감히 엿볼 생각조차 할 수 없었던 하나님과 나누는 보다 "내밀한 친교"(화목제)이

---

11   고든 웬함, 『레위기』, 125.

며, 세상의 모든 "죄를 씻기에 족한 속죄"(번제, 속죄제, 속건제)다.[12] 예배는 선물, 친교, 속죄(정결과 배상)를 담고 있다.

---

12 롤랑 드 보, 『구약성경의 제도들(2)』, 306.

18장
아사셀! 누구세요?
"아사셀을 위하여 광야로 보낼지니라"(레 16:10)

레위기 16장은 대속죄일(욤 키푸르)에 관한 내용을 담고 있다. 대속죄일은 이스라엘의 일 년 주기에서 가장 거룩한 날이다. 이 절기는 초막절 닷새 전인 유대력 7월 10일(9월 중순경)에 거행되었다.

> 너희는 영원히 이 규례[속죄일]를 지킬지니라. 일곱째 달 곧 그 달 십일에 너희는 스스로 괴롭게 하고 아무 일도 하지 말되, 본토인이든지 너희 중에 거류하는 거류민이든지 그리하라(레 16:29).

속죄일은 모든 이스라엘 사람이 금식해야 하는 유일한 날이다. 이 날에 대제사장은 지성소에 들어가서 규정된 제물을 드렸다. 이 규례는 매우 엄격하여 규정을 조금이라도 어기면 죽임을 당하였다.

> 2) 여호와께서 모세에게 이르시되 "네 형 아론에게 이르라. 성소의 휘장 안 법궤 위 속죄소 앞에 아무 때나 들어오지 말라. 그리하여 죽지 않도록 하라. 이는 내가 구름 가운데에서 속죄소 위에 나타남이니라.… 13) 여호와 앞에서 분향하여 향연으로 증거궤 위 속죄소를 가리게 할지니, 그리하면 그가 죽지 아니할 것이며"(레 16:2, 13).

이 속죄일의 예식 순서 가운데 가장 주목할 만한 것은 두 가지다. 하나는 제물로 잡은 염소의 피로 속죄제를 드림으로써 하나님의 성소를 정결케 하는 의식이다.

> 9) 아론은 여호와를 위하여 제비 뽑은 염소를 속죄제로 드리고… 15) 또 백성을 위한 속죄제 염소를 잡아 그 피를 가지고 휘장 안에 들어가서 그 수송아지 피로 행함 같이 그 피로 행하여 속죄소 위와 속죄소 앞에 뿌릴지니, 16) 곧 이스라엘 자손의 부정과 그들이 범한 모든 죄로 말미암아 지성소를 위하여 속죄하고 또 그들의 부정한 중에 있는 회막을 위하여 그같이 할 것이요, 17) 그가 지성소에 속죄하러 들어가서 자기와 그의 집안과 이스라엘 온 회중을 위하여 속죄하고 나오기까지는 누구든지 회막에 있지 못할 것이며, 18) 그는 여호와 앞 제단으로 나와서 그것을 위하여 속죄할지니, 곧 그 수송아지의 피와 염소의 피를 가져다가 제단 귀퉁이 뿔들에 바르고, 19) 또 손가락으로 그 피를 그 위에 일곱 번 뿌려 이스라엘 자손의 부정에서 제단을 성결하게 할 것이요(레 16:9, 15-19).

다른 하나는 그 정결례가 진행되는 동안 산 채로 야웨 앞에 두었다가 그것이 끝난 후 숫염소를 이스라엘 자손의 죄를 짊어지게 한 채 광야로 아사셀을 위하여 보내는 예식이다.

> 10) 아사셀을 위하여 제비 뽑은 염소는 산 채로 여호와 앞에 두었다가 그것으로 속죄하고 아사셀을 위하여 광야로 보낼지니라.… 20) 그 지성소와 회막과 제단을 위하여 속죄하기를 마친 후에 살아 있는 염소를 드리되(레

16:10, 20).

속죄일의 첫 번째 예식은 이스라엘 자손을 대표해서 제물로 잡은 염소의 피를 가지고 성소의 부정을 씻어내는 정결 예식이다. 인간의 죄로 인하여 성전이 오염되었기 때문이다. 사람이 하나님의 명령에 반항할 때 성전에는 거룩하지 못한 행위, 즉 죄로 인한 부정이 차곡차곡 누적된다.[1] 유대인 구약학자인 밀그롬(J. Milgrom)에 따르면 "죄는 어디에서 범했든지 간에 그 독기가 자석과 같이 성소로 흡인된다. 성소에 죄가 붙어서 쌓이면 하나님은 더 이상 성소에 거할 수 없게 된다."[2] 따라서 성전에 누적된 죄는 매년 제거되어야 한다.

두 번째 예식은 이스라엘 자손을 대신하여 또 다른 염소를 광야로 보내는 것이다. 아론은 이 염소의 머리에 두 손을 얹고 이스라엘의 모든 죄를 고백하고 염소를 광야로 내보낸다.

> 21) 아론은 그의 두 손으로 살아 있는 염소의 머리에 안수하여 이스라엘 자손의 모든 불의와 그 범한 모든 죄를 아뢰고, 그 죄를 염소의 머리에 두어 미리 정한 사람에게 맡겨 광야로 보낼지니, 22) 염소가 그들의 모든 불의를 지고 접근하기 어려운 땅에 이르거든 그는 **그 염소를 광야에 놓을지니라**(레 16:21-22).

---

1   이상란/정중호, "대속죄일과 아사셀", 「구약논단」 3(1997/8), 5-24, 특히 6.
2   J. Milgrom, "Atonement in the OT," *IDBS* (Nashville: Abingdon, 1976), 79.

이 두 번째 예식은 공개적인 예식(public cult)이라는 점에서 속죄일 행사의 절정을 이룬다고 볼 수 있다.

첫 번째 예식은 이스라엘 자손의 죄로 오염된 "성소의 부정"을 다루고, 두 번째 예식은 이스라엘 자손의 죄에서 야기된 "공동체의 죄의식"을 다룬다. 전자의 염소는 성소를 정결케 하기 위한 속죄제물이고, 후자의 염소는 이스라엘 자손의 죄와 허물을 짊어지고 광야로 나가는 제물이다. 이 속죄일의 예식은 이스라엘 가운데 거하시는 야웨 하나님의 성소를 죄로 인한 오염에서 정결케 함과 동시에, 야웨 하나님과 함께 걷는 이스라엘을 죄에서 해방시키는 데 목적이 있다. 따라서 전자는 "부정"(impurities)을 제거하기 위한 제물이고, 후자는 "죄"(sins)를 없애기 위한 제물이다. 전자는 "정결"(purification)에, 후자는 "제거"(elimination)에 초점을 두고 있다. 속죄일은 하나님을 위한 "성소의 정결"과 이스라엘 회중을 위한 "죄의 제거"의 날이다![3]

이 속죄일의 예식에서 한 염소는 야웨를 위한 것이고 나머지 한 염소는 아사셀을 위한 것이다. 이때 "아사셀"은 무엇을 가리킬까? 보통 아사셀은 (1) 떠나는 염소, (2) "전적인 제거"를 의미하는 추상 명사, (3) 바위 절벽 같은 장소, (4) 광야의 귀신 이름 등으로 해석된다.[4] 그러나 정확한 의미는 아직도 알려진 바가 없다. 아사셀은 구약성경 전체 중 레위기 16장에서만 나오는데 이곳에서만 네 번 언급된다.

---

3   왕대일, "아사셀 염소와 속죄의 날(레 16:6-10)", 「구약논단」 19(2005/12), 10-30, 특히 19-20.
4   이에 대한 자세한 논의는 다음을 참조하라. 존. E. 하틀리, 김경열 역, 『레위기』(WBC 성경주석; 서울: 솔로몬, 2006), 504-506; 마크 M. 루커, 차주엽 역, 『레위기』(NAC; 서울: 부흥과개혁사, 2018), 270-271.

두 염소를 위하여 제비 뽑되 한 제비는 여호와를 위하고 한 제비는 **아사셸**을 위하여 할지며(레 16:8).

아사셸을 위하여 제비 뽑은 염소는 산 채로 여호와 앞에 두었다가 그것으로 속죄하고 **아사셸**을 위하여 광야로 보낼지니라(레 16:10).

염소를 **아사셸**에게 보낸 자는 그의 옷을 빨고 물로 그의 몸을 씻은 후에 진영에 들어갈 것이며(레 16:26).

레위기 16:8의 "여호와를 위한 염소와 아사셸을 위한 염소"라는 표현에 전제된 것과 같이 아사셸은 "장소"가 아니라 어떤 "존재"를 가리킨다. 그렇다면 아사셸은 누구인가? 고대 근동에서 아사셸은 광야를 지배하는 "악령"이나 "광야 귀신"의 이름이었다. 예를 들어 신구약 중간기의 유대 문헌인 에녹서에서도 아사셸은 라파엘 등과 함께 타락한 천사의 이름으로 사용된다(에녹 8:1; 9:6; 10:4-8; 13:1-2; 54:5 등).

그런데 레위기 16장에서 아사셸은 구약성경의 야웨께 대한 유일신 신앙의 빛 아래서 철저히 비신화화(de-mythologization) 내지는 비신성화(de-divinization)되었다. 즉 신성(神性)이 박탈된 것이다. 레위기에서 비록 아사셸이라는 악령의 이름을 사용하기는 하지만 아사셸은 더 이상 활동하는 영적 존재로 나타나지 않는다. 이는 아사셸에게 그 어떤 제물도 바치고 있지 않다는 점에서도 확연히 드러난다. 아사셸은 죄와 악을 버리는 "장소"로만 남아 있다.[5] 여기서 염소는 아사셀에게 바쳐지는 제물이라기보다 이스라엘 백성의 모든 죄를 광야로 운반하는 기능만 담당할 뿐이다. 아사셀은 더 이상 신적인 존재가 아니다. 속죄일의 아사셀 규정은 광야가 죄와 악이 머무는 곳이라는 오랜 옛 생각을 차용하면서, 아사셀을 거룩한 성소와 대비되는 부정한 장소로만 보게 만든 것으로 보인다. 아사셀은 이스라엘 공동체가 한 해 동안 살면서 지녔던 죄책감을 염소를 운반책으로 하여 가져다 버리는, 쓰레기 하차장과 같은 부정한 공간이라는 개념으로만 남게 되었다. 사실 아사셀이 무엇인지 혹은 누구인지를 현재로서는 단정할 수 없다. 다만 이 아사셀 의식이 "죄를 추방하는 의식"이라는 점만큼은 분명하다.[6]

오늘날 속죄일의 준수는 세계 곳곳의 매우 상이한 신앙과 전통을 가진 많은 공동체 가운데 거하는 유대인들을 통합시킨다. 초기 그리스도인들에게 속죄일은 예수의 죽음을 이해하는 데 의미심장한 역할을 했다. 성(聖) 금요일은 그리스도인의 속죄일, 말하자면 자기 부정, 참회, 속죄 그리고 화해의 날이 되었다.[7] 특히 죄와 부정에 대해 예민했던 이스라엘 신앙이 기독교 신앙으로 재해석되면서, 아사셀을 향해 나아가는 염소를 "세상 죄를 지고 가는 하나님의 어린양"(요 1:29)으로 유추한 것은 일리가 있다. "그"가 있음으로 "우리"가 나음을 입은 것이다![8]

인류학자들의 연구에 따르면, 고대 지중해 연안 마을에는 명절을

---

5   J. Milgrom, *Leviticus 1-16*, 1021.
6   사무엘 E. 발렌틴, 조용식 역, 『레위기』(현대성서주석; 서울: 한국장로교출판사, 2011), 212-213.
7   존. E. 하틀리, 『레위기』, 474-475.
8   왕대일, "아사셀 염소와 속죄의 날(레 16:6-10)", 28.

맞아 장애인, 병든 자, 범죄자 등을 한곳에 모아놓고 돌을 던지거나 막대기로 때려 마을 밖으로 내쫓는 풍습이 있었다. 이들은 마을에서 쫓겨나 돌산으로 올라가 맹수의 밥이 되거나 비참하게 굶어죽었다. 그들처럼 병약하고 힘없는 자들을 마을에 두면 그 마을에 재앙이 임할 수 있으므로 그들을 몰아내어 재앙을 막아야 한다고 생각한 것이다. 하지만 그 내막을 알고 보면, 식량이 절대적으로 부족하던 시절이라 생산 능력 없는 사람이 식량 축내는 것을 막는 조치였다고 한다.

그런데 구약의 율법은 이처럼 일반적으로 지도자들이 마을에 재앙을 내린다고 지목하던 장애인 등의 약자를 마을에서 추방하는 대신, 동네 염소를 쫓아내는 것으로 대신하도록 명했다. 바로 여기서 "인간 대신 내쫓긴 염소"라는 뜻의 "희생양"(scapegoat, 도망간[escape]+염소[goat], '내쫓긴 염소')이라는 용어가 유래한다. 염소가 인간의 불이익을 짊어진 것이다. 병들고 약한 인간을 대신하여 염소가 대신 죽임당한 것이다.

속죄의 염소가 이스라엘 백성의 죄를 짊어지고 죽기 위해 광야로 보내진 것처럼, 예수 그리스도도 자기 백성의 죄를 위해 예루살렘 영문 밖에서 십자가에 못 박혀 죽으셨다. 예수님은 장애인, 병든 자, 범죄자 등 필요 없다고 무시당하고 낙인찍힌 자가 맞아야 할 돌과 매를 대신 맞으셨다.

"차라리 나를 죽이고 그들을 살려라!"

예수님의 십자가는 특히 무기력하거나 무능하게 사는 이들의 마음을 먹먹하게 한다.

19장
거룩하라! 어떻게 해야 거룩해지지?

"너희는 거룩하라,
이는 나 여호와 너희 하나님이 거룩함이니라"(레 19:2)

모세 오경을 흔히 "율법"(토라)이라고 부른다. 모세 오경 안에 구약의 율법이 모두 집결되어 있기 때문이다. 여기에 담긴 대표적인 율법으로는 "십계명"(출 20장), "언약 법전"(출 21-23장), "제사법"(레 1-7장), "정결법"(레 11-15장), "성결 법전"(레 17-26장), "신명기 법전"(신 12-26장)이 있다. 성결 법전(Holiness Code)이라는 명칭은 레위기 19:2에 "너희는 거룩하라. 나 여호와 너희 하나님이 거룩함이니라"에서 비롯된 것으로 보인다. "거룩하다"(קָדוֹשׁ, 카도쉬)라는 단어에서 "거룩함의 법전", "성결 법전"이라는 용어가 나온 것이다.[1]

여기서 하나님은 자신의 백성에게 거룩하라고 명령하신다. 베드로전서 2:9은 출애굽기 19:6을 인용하여 그리스도인을 가리켜 "택하신 족속이요 왕 같은 제사장들이요 거룩한 나라요 그의 소유가 된 백성"이라고 부르고 있다. 그리스도인이라면 누구나 거룩해야 한다. 그런데 어떻게 해야 거룩해지는가? 거룩함이란 대체 무엇을 말하는가? 신앙 공동체 안에서는 "거룩함"(성결)이나 "성도"(聖徒, 거룩한 사람)라는 말을 자주 사용하는데, 정작 그 의미를 명확히 파악하기는 쉽지 않다.

---

1 한스-크리스토프 슈미트, 차준희/김정훈 역, 『구약, 어떻게 공부할 것인가?: 구약학 연구 안내서』(*Arbeitsbuch zum Alten Testament: Grundzüge der Geschichte Israels und der alttestamentlichen Schriften*, 서울: 대한기독교서회, 2014), 440.

우리는 보통 거룩하다고 하면 신비로운 차원에서의 종교적 의미를 떠올리기 쉽다. 마치 늘 기도하고 찬송을 입에 달고 살며 성경을 손에서 놓지 않고 항상 말씀을 묵상하고 금식도 밥 먹듯이 하는 신령한 종교인의 모습을 연상하기 쉽다. 이것이 성경이 말하는 거룩함의 실체일까? 어떻게 사는 것이 거룩한 삶일까?

레위기 19장은 거룩한 삶이 어떤 삶인지에 대하여 명쾌한 답을 준다. 이 본문은 거룩한 삶을 세 가지 측면에서 설명한다. 3-8절은 종교적 측면에서(종교적 책임), 9-18절은 윤리적 측면에서(윤리적 책임), 그리고 19-37절은 종교와 윤리가 혼합된 측면에서 거룩한 삶이 무엇인지를 자세히 가르쳐주고 있다. 이러한 구조는 거룩한 삶의 본질을 잘 드러낸다. 거룩한 삶이란 "윤리적 성실"과 "종교적 수행"이 동일한 열심으로 동시에 이루어 질 때만 완수될 수 있다.[2] 이와 동시에 이 구조는 윤리와 종교가 하나이며 불가분의 관계임을 은연중에 드러내고 있다.

레위기 19:2에서 하나님은 온 회중에게 "거룩하라"고 명령하신다. 그리고 이어지는 말씀은 거룩한 삶을 살기 위해 감당해야 할 것으로 먼저 종교적 측면의 요소를 소개하고 있다. 먼저 3-4절을 보면 다음과 같다.

3) 너희 각 사람은 부모를 경외하고 나의 안식일을 지키라. 나는 너희의 하나님 여호와이니라. 4) 너희는 헛된 것들에게로 향하지 말며 너희를 위하여 신상들을 부어 만들지 말라. 나는 너희의 하나님 여호와이니라(레

---

2   사무엘 E. 발렌틴, 『레위기』, 255.

19:3-4).

3절에서 "부모"라는 단어를 히브리어 원문으로 보면 개역개정과는 달리 "모부"(母父)의 순서로 나온다. 즉 "어머니와 아버지를 경외하라"고 하여, 십계명의 제5계명("부모")과 비교하여 순서가 역전된 모습("모부")이 눈에 띈다. 또한 이 본문은 하나님 외에 사람에게 "경외하라"는 단어를 쓰는 유일한 경우다.[3] 여기서 성결 법전이 기존의 법과 약간 결이 다르다는 점을 알 수 있다. 또한 종교적인 측면을 다루는 대목에서 부모 계명이 언급된 것도 특이하다. 하나님께 바로 하려면 무엇보다도 가까이에 살아 계신 부모님부터 챙기라는 것이다. "모부를 경외하는 것"은 제5계명, "안식일을 지키는 것"은 제4계명, "헛된 것들에게로 향하지 않는" 것은 제1계명, "신상들을 부어 만들지 않는" 것은 제2계명을 가리킨다. 성결 법전은 인간관계가 하나님과의 관계와 다르지 않다는 점을 미리 강조한다. 인간관계가 곧 하나님 관계과의 관계다.

　이어지는 단락(레 19:9-18)에서는 거룩한 삶을 위해 윤리적인 삶을 살아야 한다고 강조하고 있다. 이 단락에 속한 본문을 하나만 살펴보자.

9) 너희가 너희의 땅에서 곡식을 거둘 때에 너는 밭 모퉁이까지 다 거두지 말고 네 떨어진 이삭도 줍지 말며 10) 네 포도원의 열매를 다 따지 말며 네 포도원에 떨어진 열매도 줍지 말고 가난한 사람과 거류민을 위하여

3　A. Marx, *Lévitique 17-27* (CAT Ⅲ b; Genève: Laor et Fides, 2011), 82. 김선종, 『레위기 성결법전의 신학과 윤리』(서울: CLC, 2018), 217에서 재인용.

버려두라. 나는 너희의 하나님 여호와이니라(레 19:9-10).

본문은 거룩해지기 위해서 먼저 자신의 곡식을 거둘 때 다 거두지 말고 그 일부를 남기라고 한다. 추수하다 떨어진 이삭도 물론 남겨야 한다. 포도원의 열매도 일부를 남겨야 하며 떨어진 포도 열매도 당연히 다 거둬가서는 안 된다. 이 모든 것은 가난한 사람과 그 땅에 빌붙어 사는 나그네의 몫이다.

추수하면서 일부러 수확의 일부를 남기는 것은 당시 이방 민족들 사이에서도 찾아볼 수 있는 풍습이었다. 그런데 이방 민족의 경우 수확물을 남기는 것은 그들이 믿고 따르는 다산신(多産神)에게 제물을 바치는 행위로 간주되었다. 의도적으로 곡식을 남겨, 풍요를 관장하는 그들의 신들에게 음식을 바친 것이었다. 그러나 성결 법전에서 추수 때 남기는 곡식은 "신을 위한 음식"이 아니라 "가난한 자들을 위한 음식"이다. 당시의 풍습에 따르면 마땅히 하나님의 것으로 돌려야 할 것을 야웨 하나님은 스스로 취하지 아니하시고 가난한 자들에게 넘기신다. 우리 하나님은 "자신의 몫"을 "가난한 자들의 몫"으로 돌리신다. 우리 하나님은 늘 자신의 것을 남에게 기부하신다.

이어서 하나님은 레위기 19:11에서 "너희는 도둑질하지 말며 속이지 말며 서로 거짓말하지 말며"라고 하시고, 13절에서는 "너는 네 이웃을 억압하지 말며 착취하지 말며 품꾼의 삯을 아침까지 밤새도록 네게 두지 말라"고 말씀하신다. "거룩함의 길"을 가는 것은 주변 이웃과의 관계 속에서 온전한 삶을 사는 것이다. 여기서 말하는 "거룩함"이란 하나님 앞에서 종교적으로 경건한 삶을 살아가는 "개인적 거룩함"이 아니라, 보다 확대된 사회적 삶 속에서 나타나는 "사회적 거룩함"이다. 거룩함이란 "개인의 내면적 상태"가 아니라 대인관계에서 정의롭고 공평한 관계를 유지하며 살아가는 "삶의 공적 태도"를 말한다.

레위기 19:2에 나오는 "거룩함에 대한 촉구"가 레위기의 핵심 메시지를 구성한다면, "서로 미워하지 말고 사랑하라"는 레위기 19:17-18의 계명은 이 책의 진앙(震央)이라고 할 수 있다.[4]

17) 너는 네 형제를 마음으로 미워하지 말며 네 이웃을 반드시 견책하라. 그러면 네가 그에 대하여 죄를 담당하지 아니하리라. 18) 원수를 갚지 말며 동포를 원망하지 말며 네 이웃 사랑하기를 네 자신과 같이 사랑하라. 나는 여호와이니라(레 19:17-18).

레위기 19장이 말하는 "거룩함"이란 한마디로 18절에서 "네 이웃 사랑하기를 네 자신과 같이 사랑하라"고 한 것처럼 우리의 이웃을 사랑하는 것을 뜻한다. "이웃 사랑"이라는 계명은 신약성경에서도 자주 인용된다.

또 "네 이웃을 사랑하고 네 원수를 미워하라" 하였다는 것을 너희가 들었으나(마 5:43).

"네 부모를 공경하라, 네 이웃을 네 자신과 같이 사랑하라" 하신 것이니라(마 19:19).

---

4   사무엘 E. 발렌틴, 『레위기』, 263.

둘째도 그와 같으니 "네 이웃을 네 자신 같이 사랑하라" 하셨으니(마 22:39).

이 계명은 이후로 줄곧 "기독교 윤리의 정수"(精髓)로 간주 되었다.[5]

"간음하지 말라, 살인하지 말라, 도둑질하지 말라, 탐내지 말라" 한 것과 그 외에 다른 계명이 있을지라도 **"네 이웃을 네 자신과 같이 사랑하라"** 하신 그 말씀 가운데 다 들었느니라(롬 13:9).

온 율법은 **"네 이웃 사랑하기를** 네 자신 같이 하라" 하신 한 말씀에서 이루어졌나니(갈 5:14).

너희가 만일 성경에 기록된 대로 **"네 이웃 사랑하기를** 네 몸과 같이 하라" 하신 최고의 법을 지키면 잘하는 것이거니와(약 2:8).

거룩함은 단순한 구별의 의미가 아니라 동료로서 사람들에 대해 윤리적 행동을 실천하는 것을 말한다. 다시 말해서 거룩함은 냉정한 "가름"이 아니라 따뜻한 "부둥켜안음"이다.[6]

예수님은 비유 설교에서 바리새인의 잘못된 거룩함에 대하여 책망하신 적이 있다.

---

5   고든 웬함, 『레위기』, 307.
6   차준희, 『모세오경 바로 읽기: 차준희 교수의 평신도를 위한 구약특강』, 143.

9) 또 자기를 의롭다고 믿고 다른 사람을 멸시하는 자들에게 이 비유로 말씀하시되 10) "두 사람이 기도하러 성전에 올라가니, 하나는 바리새인이요 하나는 세리라. 11) **바리새인은 서서 따로 기도하여 이르되 '하나님이여, 나는 다른 사람들 곧 토색, 불의, 간음을 하는 자들과 같지 아니하고 이 세리와도 같지 아니함을 감사하나이다.** 12) 나는 이레에 두 번씩 금식하고 또 소득의 **십일조**를 드리나이다' 하고, 13) 세리는 멀리 서서 감히 눈을 들어 하늘을 쳐다보지도 못하고 다만 가슴을 치며 이르되 '하나님이여, 불쌍히 여기소서. 나는 죄인이로소이다' 하였느니라. 14) 내가 너희에게 이르노니, 이에 저 바리새인이 아니고 이 사람이 의롭다 하심을 받고 그의 집으로 내려갔느니라. 무릇 자기를 높이는 자는 낮아지고 자기를 낮추는 자는 높아지리라" 하시니라(눅 18:9-14).

당시 종교 지도자였던 바리새인의 거룩함은 자신과 남을 구분하고 가르며 남을 정죄하는 행태로 표현되었다. 그러나 예수님이 가르치는 거룩함은 "빼기"가 아니라 "더하기"다. 거룩한 삶은 "마이너스 인생"이 아니라 "플러스 인생"이다. 거룩함은 "배제"가 아니라 "포용"과 "끌어안음"이다. 바리새인의 거룩함과 예수님의 거룩함은 완전히 다르다.

우리는 지금까지 거룩함을 생각할 때 거룩해진 사람이 거룩하신 하나님과 교제하는 "개인적 영성"에만 초점을 맞췄다. 그러나 레위기가 말하는 거룩함은 개인적인 것이 아니라 동료 인간들에게 하나님이 원하시는 행동을 꾸준히 실천함으로써 이웃을 내 몸과 같이 사랑하는 것, 즉 "사회적 영성"이다. 거룩함의 본보기가 되어야 하는 성소는 단지 성막 또는 성전과 같은 물리적 공간만으로 제한되는 것이 아니다. 성소

는 하나님의 거룩함을 거울처럼 비추며 일상생활의 모든 영역으로 확장되어야 한다.[7]

레위기가 말하는 거룩한 삶이란 "하나님을 닮은 삶"(*imago Dei*), 곧 하나님의 형상대로 지음 받은 하나님의 백성이 하나님의 본질인 거룩함을 따르는 삶이다. 하나님이 거룩하시니 그분의 백성도 마땅히 거룩하게 살아야 한다.[8] 거룩하신 하나님은 성소에서 드리는 경배만을 원하시는 것이 아니라, 성소 밖 세상에 살고 있는 모든 사람에게 관심을 갖고 계신다.[9] 성결 법전의 하나님은 하나님을 아직 알지 못하는 사람들, 하나님을 믿지 않는 사람들이 하나님의 영역, 거룩한 영역으로 들어오기를 기대하신다. 또한 하나님의 거룩함이 사람의 구체적인 삶에까지 침투하기를 바라신다.[10] 거룩한 삶이란 평범한 일상 속에서 하나님이 행하신 것과 같이 주변의 이웃을 끌어안는 것이다.

---

7   J. Milgrom, *Leviticus 17-22* (The Anchor Bible; New Haven and London: Yale University Press, 2000), 1598.

8   김선종, 『레위기 성결법전의 신학과 윤리』, 216.

9   김선종, 『레위기 성결법전의 신학과 윤리』, 218.

10   김선종, 『레위기 성결법전의 신학과 윤리』, 218.

20장

왜 미리암만 가지고 그러시나?

"미리암은 나병에 걸려 눈과 같더라"(민 12:10)

민수기 12장은 미리암과 아론이 모세에게 대항하는 내용을 담고 있다. 미리암과 아론은 먼저 모세가 구스 여자와 결혼한 것을 문제 삼는다.

> 모세가 구스 여자를 취하였더니, 그 구스 여자를 취하였으므로 미리암과 아론이 모세를 비방하니라(민 12:1).

모세의 본래 아내인 십보라는 미디안 사람이었다.

> 모세가 그[미디안 제사장]와 동거하기를 기뻐하매 그가 그의 딸 십보라를 모세에게 주었더니(출 2:21).

1절에 나오는 "구스 사람"은 "구산으로부터" 나온 사람일 수도 있다. 하박국의 예언에 의하면 "구산"은 미디안에 속한 영역으로 간주된다.

> 내가 본즉 **구산의 장막**이 환난을 당하고
> **미디안 땅**의 휘장이 흔들리는도다(합 3:7).

또한 "구스 사람"은 "구스로부터" 즉 "에티오피아로부터"라는 뜻도

된다.

여호와께서 이르시되 "나의 종 이사야가 삼 년 동안 벗은 몸과 벗은 발로 다니며 애굽과 **구스**[에티오피아]에 대하여 징조와 예표가 되었느니라"(사 20:3; 참조. 창 10:6, 8).

따라서 여기서 "구스 여자"는 미디안 사람 "십보라"를 가리킬 수도 있고 "에티오피아 사람"을 말할 수도 있다. 현재 본문의 상태로는 모세가 이방 여인(미디안 여자이건 에티오피아 여자이건)과 결혼을 한 것이 잘못인지[1] 아니면 두 번째 아내를 취한 것이 잘못이라는 것인지를[2] 단정할 수 없다. 민수기 본문은 이 부분에 대하여 자세히 다루고 있지 않다.

사실상 1절의 비방 내용은 본문 전체의 흐름상 주된 동기가 아니라 일종의 실마리 역할을 하며, 보다 심각한 문제 제기는 2절에서 표출된다. 여기서는 이스라엘을 다스리는 지도력이 모세에게만 집중되어 있는 현상을 문제 삼는다.

그들이 이르되 "여호와께서 모세와**만**(קרַ, 라크) 말씀하셨느냐? 우리와**도** (גַּם, 감) 말씀하지 아니하셨느냐?" 하매 여호와께서 이 말을 들으셨더라 (민 12:2).

---

1   Milgrom은 모세가 인종적으로 다른 이방 여인과 결혼을 한 것이 비방 거리였다고 주장한다. J. Milgrom, *Numbers* (The JPS Torah Commentary; Jerusalem: The Jewish Publication Society, 1990), 93.

2   Levine은 모세가 두 번째 아내를 취한 것이 잘못이었다고 주장한다. B. A. Levine, *Numbers 1-20* (The Anchor Bible; New York: Doubleday, 1993), 328.

미리암과 아론은 야웨 하나님이 오직 모세와 "만" 말씀하시는 것이 아니라 자신들과 "도" 말씀하시는 분임을 강조한다. 미리암과 아론은 모세의 우월적 지도력에 문제를 제기한다.

모세는 이러한 비난을 묵묵히 수용하고 아무런 변명도 하지 않는다. 본문의 저자는 "이 사람 모세는 온유함이 지면의 모든 사람보다 더하더라"(민 12:3)라는 언급을 통하여 이들의 비방이 정당하지 않음을 간접적으로 밝히고 있을 뿐이다. 여기서 "온유함"(עָנָו, 아나브)이란 일반적인 유순한 성격을 말하는 것이 아니라 하나님 앞에서 자신을 낮추는 겸손이나 하나님에 대한 절대적 의존 혹은 헌신을 지칭한다.[3]

> 여호와의 규례를 지키는 세상의 모든 **겸손한 자들**(עָנָו, 아나브)아,
> 너희는 여호와를 찾으며 공의와 겸손을 구하라.
> 너희가 혹시 여호와의 분노의 날에 숨김을 얻으리라(습 2:3).

> **겸손한 자**(עֲנָוִים, 아나빔)는 먹고 배부를 것이며
> 여호와를 찾는 자는 그를 찬송할 것이라.
> 너희 마음은 영원히 살지어다(시 22:26).

이후 야웨 하나님은 이 비방 사건에 직접 개입하여 모세의 우월성을 적극적으로 변호하신다.

---

3   데니스. T. 올슨, 차종순 역, 『민수기』(현대성서주석; 서울: 한국장로교출판사, 2000), 119-120.

6) 이르시되 "내 말을 들으라. 너희 중에 선지자가 있으면 나 여호와가 환
상으로 나를 그에게 알리기도 하고 꿈으로 그와 말하기도 하거니와, 7)
내 종 모세와는 그렇지 아니하니 그는 내 온 집에 충성함이라. 8) 그와는
내가 대면하여 명백히 말하고 은밀한 말로 하지 아니하며 그는 또 여호
와의 형상을 보거늘, 너희가 어찌하여 내 종 모세 비방하기를 두려워하지
아니하느냐?"(민 12:6-8)

하나님은 결국 그들을 향해 진노하시고 미리암에게는 심각한 징벌을
내리신다.

구름이 장막 위에서 떠나갔고 미리암은 나병에 걸려 눈과 같더라. 아론이
미리암을 본즉 나병에 걸렸는지라(민 12:10).

나병의 징벌은 아론이 모세에게 중보기도를 요청하는 내용에서 표현된
바와 같이("그가 살이 반이나 썩어 모태로부터 죽어서 나온 자 같이 되지 않게 하
소서", 민 12:12) 사형 처벌과 같은 것이었다.[4] 그러나 미리암은 모세의 진
심 어린 중보기도를 통하여 온전한 몸으로 회복된다. 미리암은 회복 이
후 율법의 규정에 따라 이스라엘의 진영 밖에 7일 동안 격리되었는데,
백성이 이 기간 동안 행진을 멈추고 미리암을 기다렸다. 그 정도로 미
리암은 백성의 존경을 받는 지도자였다.

---

4   Th. Staubli, *Die Bücher Levitikus-Numeri* (Neuer Stuttgarter Kommentar Altes
     Testament; Stuttgart: Verlag Katholische Bibelwerk, 1996), 249.

15) 이에 미리암이 진영 밖에 이레 동안 갇혀 있었고 백성은 그를 다시 들어오게 하기까지 행진하지 아니하다가, 16) 그 후에 백성이 하세롯을 떠나 바란 광야에 진을 치니라(민 12:15-16).

여기서 이해하기 어려운 점은 본문에서 모세를 비난한 것은 아론과 미리암 두 사람인데 처벌은 오직 미리암 한 사람에게만 내려졌다는 사실이다. 왜 모세를 비방한 사람은 두 명인데 오직 미리암에게만 징벌이 내려진 것일까? 이에 대한 실마리는 먼저 1절의 동사에서 나타난다. 1절의 "미리암과 아론이 모세를 비방하다"에서 "비방하다"라는 동사는 3인칭 여성 단수로서, 모세에 대한 비방을 미리암이 주도했다는 점을 드러내고 있다. 또한 구문상 모세를 비방한 사람의 순서가 "미리암→아론"이라는 것도 이를 암시하고 있다. 즉, 이 비방 사건의 주동자는 미리암이었다는 것이다.

　주동자 미리암은 과연 어떤 인물일까? 성경에서 미리암이라는 이름이 처음 등장한 곳은 출애굽기 15:20이다.

　아론의 누이 선지자 **미리암**이 손에 소고를 잡으매, 모든 여인도 그를 따라 나오며 소고를 잡고 춤추니(출 15:20).

출애굽기 15장은 14장과 더불어 오경, 아니 구약 전체에서 가장 중요한 사건 중 하나인 출애굽 사건을 다루고 있다. 최초의 여성 예언자 미리암은 이 출애굽 사건의 중심적인 인물 가운데 하나였다. 사실 미리암은 (물론 본문에 미리암의 이름이 언급되지는 않지만) 갓난 아이 모세를 구출시킨 용감한 구원자이자(출 2:1-10) 최초의 여성 예언자이면서 출애굽 사건 이후 하나님을 찬양한 자로도 유명하다.

> **미리암**이 그들에게 화답하여 이르되
> "너희는 여호와를 찬송하라!
> 그는 높고 영화로우심이요
> 말과 그 탄 자를 바다에 던지셨음이로다" 하였더라(출 15:21).

이때 미리암이 주도한 이 찬양시는 구약성경 최초의 찬양시로 여겨진다. 미리암은 무엇보다 이집트로부터의 해방 사건을 이끈 출애굽 지도자 3인방 가운데 하나였다. 모세는 율법의 수여자이고, 아론은 제사장이며, 미리암은 예언자였다.

> 내가 너를 애굽 땅에서 인도해 내어
> 종 노릇 하는 집에서 속량하였고
> **모세**와 **아론**과 **미리암**을 네 앞에 보냈느니라(미 6:4).

미리암은 이들 가운데 가장 연장자였던 것으로 보인다. 미리암은 동생인 모세 못지않은 영웅적인 지도자이고 최초의 여성 예언자였다.

여기서 미리암이 예언자였다는 사실은 중요하다. 민수기 12장에서 미리암은 모든 예언자를 대표하고 있는 것이다. 결국 미리암의 모세 비방은 "율법 수여자의 권위"와 "예언자의 권위"가 충돌한 것을 보여준다(민 12:2). 율법적 권위와 예언적 권위의 우선순위가 문제시된 것이다.

하나님으로부터 영감을 받은 사람들이 모세의 율법(토라) 권위에 도전 장을 내밀었다.

그런데 하나님은 "해석이 필요한 미리암의 예언"(민 12:6)보다 하나님이 직접 대면하여 알려주신 "분명한 모세의 율법(말씀)"(민 12:8)에 최종적 권위를 부여하신다. 따라서 예언자 미리암에 대한 정죄는 앞으로 이스라엘 신앙 공동체를 지탱하는 핵심적 가치가 예언보다 "모세의 토라"(율법)여야 함을 단호하게 웅변하고 있다.[5] 공인된 예언자의 계시나 영감이라 할지라도 모세의 토라에 종속되어야 한다.[6] 이 사건은 이후 야웨 신앙 공동체의 정체성을 결정해주는 중요한 사건이다. 오늘날에도 하나님이 주시는 각종 은사와 신비한 체험은 모두 궁극적 권위를 가진 성경 말씀에 의해 해석되고 판단되어야 한다. 성령도 말씀을 기초로 역사하신다. 말씀을 떠난 성령 운동은 위험하다. 그러나 말씀과 함께하는 성령 운동은 출애굽의 기적을 낳는다. 말씀과 성령은 함께 가야 한다. 하지만 말씀이 최우선이다.

---

5   L. Schmidt, *Das 4. Buch Mose Numeri 10,11-36,13* (Das Alte Testament Deutsch; Göttingen: Vandenhoeck & Ruprecht, 2004), 34.

6   필립 J. 붓드, 박신배 역, 『민수기』(WBC 성경주석; 서울: 솔로몬, 2006), 244, 249.

21장

모세의 죄, 무슨 죄를?

"너희가 나를 믿지 아니하고"(민 20:12)

이스라엘 역사에서 가장 위대한 지도자 가운데 하나인 모세는 약속의 땅 가나안에 들어가지 못하는 운명을 맞게 된다. 모세는 이스라엘 민족을 이집트의 억압 아래에서 구출해낸 위대한 민족의 구원자이자, 목이 곧은 민족 이스라엘을 척박한 광야에서 40년 동안 이끈 탁월한 민족의 지도자였다. 그런데 이런 모세가 약속의 땅 진입을 금지당한다. 그 이유에 대하여 비교적 자세하게 알려주는 본문이 민수기 20:10-13이다.

민수기의 설명에 따르면 그렇게 된 이유는 모세와 아론이 신 광야의 가데스에서 하나님을 믿지 아니하고 이스라엘 자손의 목전에서 하나님의 거룩함을 나타내지 않았기 때문이다(민 20:12). 그런데 여기서 "가나안 땅 진입 금지"라는 처벌은 분명하게 나타나는 반면, 모세와 아론이 그와 같이 준엄한 처벌을 마땅히 받아야 할 만큼 어떤 큰 죄를 범하였는지에 대해서는 명확하게 드러나지 않는다. 가나안 땅 진입 금지의 이유는 역사적으로 성경 해석에서 큰 난제로 남아 있으며, 고대로부터 현재에 이르기까지 엄청나게 많은 해결책이 제시되고도 결론이 나지 않았을 정도로 어려운 문제다.[1]

---

1   이에 대한 다양한 해석에 관해서는 다음의 주석을 참조하라. J. Milgrom, *Numbers* (The JPS Torah Commentary; Jerusalem: The Jewish Publication Society, 1990), 448-456.

모세가 가나안 땅에 들어가지 못한 이유는 민수기 20장에 근거하여 세 가지로 정리할 수 있다. 과연 이 본문에 담긴 모세의 죄는 무엇인가?

첫째, 하나님의 권능과 영예를 독차지하려는 "모세의 오만함"이다. 모세의 오만함은 10절에서 읽을 수 있다.

> 모세와 아론이 회중을 그 반석 앞에 모으고 모세가 그들에게 이르되 "반역한 너희여 들으라. **우리가 너희를 위하여 이 반석에서 물을 내랴?**" 하고 (민 20:10).

하나님은 모세에게 이스라엘 백성을 향하여 이러한 "연설"을 하라고 요구한 적이 없다. 이 연설에는 하나님이 아닌 모세와 아론이 스스로 물을 공급해주는 것이라는 듯한 오만함이 은연중에 암시된 것으로 보인다.[2] 이처럼 오만함 가운데 한 말은 야웨에 대한 참된 신앙과 경외심을 저해하고 방해한다. 그들은 오만하게도 하나님의 능력을 가로챈 것이다. 하나님의 권능과 영예를 스스로 독차지하려 한 그 오만함(교만)이 심판의 한 원인이라고 할 수 있다. 이러한 해석은 시편의 해석에 의해서도 뒷받침된다.

32) 그들이 또 므리바 물에서 여호와를 노하시게 하였으므로
그들 때문에 재난이 모세에게 이르렀나니

---

2   필립 J. 붓드, 『민수기』, 371.

33) 이는 그들이 그의 뜻을 거역함으로 말미암아

모세가 **그의 입술로 망령되이 말하였음**이로다(시 106:32-33).

즉, 모세가 입술로 망령된 말을 하여 오만함을 보인 것이 가나안 땅 진입 금지라는 심판의 화근이 된 것이다.

둘째, 하나님의 명령에 대한 "모세의 불순종"이다. 모세의 불순종은 11절에서 드러난다.

모세가 그의 손을 들어 **그의 지팡이로 반석을 두 번 치니** 물이 많이 솟아 나오므로 회중과 그들의 짐승이 마시니라(민 20:11).

모세가 반석을 한 번도 아니고 두 번이나 친 행동은 그냥 지나칠 수 없는 것이었다. 하나님은 이런 명령을 내리신 적이 없으며, 반석에 대하여 "구두"로 선포하여 물을 내라고 명령하셨다.

지팡이를 가지고 네 형 아론과 함께 회중을 모으고 그들의 목전에서 **너희는 반석에게 명령하여 "물을 내라"** 하라. 네가 그 반석이 물을 내게 하여 회중과 그들의 짐승에게 마시게 할지니라(민 20:8).

모세가 반석을 두 번이나 친 것은 하나님의 지시 사항을 고의로 거스른 행동으로 보인다.[3] 민수기의 또 다른 본문도 이 점을 지적하고 있다.

---

3   데니스 올슨, 『민수기』, 199.

아론은 그 조상들에게로 돌아가고 내가 이스라엘 자손에게 준 땅에는 들어가지 못하리니, 이는 너희가 므리바 물에서 **내 말을 거역한 까닭이니라** (민 20:24).

이는 신 광야에서 회중이 분쟁할 때에 너희가 **내 명령을 거역하고** 그 물가에서 내 거룩함을 그들의 목전에 나타내지 아니하였음이니라. 이 물은 신 광야 가데스의 므리바 물이니라(민 27:14).

모세는 하나님의 명령을 자기 마음대로, 자기 방식대로, 자기 멋대로 이해한 것 같다. 하나님의 명령(말씀)을 있는 그대로 순종하지 않은 것이다. "바위에게 말하는 것"과 "바위를 치는 것"이 사소한 차이로 보이지만, 적어도 지도자라면 하나님의 율법과 명령에 정확히 순종하도록 만전을 기해야 한다.[4]

셋째, 하나님의 능력에 대한 "모세의 불신앙"이다.[5] 모세의 불신앙은 12절에서 분명하게 지적된다.

여호와께서 모세와 아론에게 이르시되 **"너희가 나를 믿지 아니하고** 이스라엘 자손의 목전에서 내 거룩함을 나타내지 아니한 고로, 너희는 이 회중을 내가 그들에게 준 땅으로 인도하여 들이지 못하리라" 하시니라(민 20:12).

---

4   고든 웬함, 박대영 역, 『모세오경』(성경이해; *Exploring the Old Testament*, 서울: 성서유니온, 2007), 178.
5   데니스 올슨, 『민수기』, 201.

모세와 아론이 어떤 것에 대하여 불신앙을 보였는지는 명확하게 나타나지 않는다. 하지만 아마도 약속하신 것을 성취하실 수 있는 하나님의 능력에 대한 불신앙을 가리키는 것으로 보인다.[6] 이 불신앙이라는 죄악을 가리킨 것과 동일한 히브리어 표현이 민수기 14:11의 정탐꾼 이야기에도 나온다.

> 여호와께서 모세에게 이르시되 "이 백성이 어느 때까지 나를 멸시하겠느냐? 내가 그들 중에 많은 이적을 행하였으나, 어느 때까지 **나를 믿지 않겠느냐?**"(민 14:11)

당시 이스라엘 백성들은 하나님에게 약속하신 것을 행하실 능력이 있다는 사실을 신뢰하지 않았다. 즉, 하나님이 그들을 약속의 땅으로 인도하실 수 있음을 믿지 못했다. 이러한 이스라엘 백성의 불신앙 바이러스가 모세에게도 전염된 것이다. 민수기 14:11과 20:12은 동일한 동사인 "믿지 않았다"라는 동사를 사용했다. 그뿐만 아니라, 민수기 14:23과 20:12의 처벌 내용도 동일하다.

> 내가 **그들의 조상들에게 맹세한 땅을 결단코 보지 못할 것이요**, 또 나를 멸시하는 사람은 한 사람도 그것을 보지 못하리라(민 14:23).

---

6   왕대일, 『민수기』(대한기독교서회 창립 100주년 기념 성서주석; 서울: 대한기독교서회, 2007), 460.

여호와께서 모세와 아론에게 이르시되 "너희가 나를 믿지 아니하고 이스라엘 자손의 목전에서 내 거룩함을 나타내지 아니한 고로, 너희는 이 회중을 **내가 그들에게 준 땅으로 인도하여 들이지 못하리라**" 하시니라(민 20:12).

이제 이스라엘 사람들은 물론 그 지도자인 모세와 아론까지도 약속의 땅 밖에서 죽을 수밖에 없게 되었다. 안타깝게도 원망과 불평과 불신앙이 습관화된 이스라엘 공동체를 이끌었던 지도자도 어느덧 그들에게 전염되어 비슷한 모습으로 전락했다.

이처럼 모세의 죄는 오만함, 불순종, 불신앙으로 이해될 수 있다. 그런데 여기서 눈여겨봐야 할 대목이 있다. 바로 "이스라엘 자손의 목전에서 내 거룩함을 나타내지 아니하였다"라는 표현이다. 사실 모세가 하나님께 대하여 불신앙을 보인 것이 이번이 처음은 아니었다. 민수기 11:22에 따르면 이스라엘 백성 모두에게 한 달 동안 고기를 공급하겠다는 하나님의 약속에 대하여 모세는 "그들을 위하여 양 떼와 소 떼를 잡은들 족하오며, 바다의 모든 고기를 모은들 족하오리이까?"라고 하며 하나님에게 정면으로 회의적인 반항과 불신의 태도를 보인 적이 있다. 이때만 해도 하나님은 모세를 크게 나무라지 않으셨다.

여호와께서 모세에게 이르시되 "여호와의 손이 짧으냐? 네가 이제 내 말이 네게 응하는 여부를 보리라"(민 11:23).

이는 모세가 하나님께 개인적으로 털어놓았던 말이었기 때문이다. 그러나 이번에는 사정이 달랐던 것이, 이스라엘 온 회중이 보는 앞에서 하나님께 대한 회의와 불신의 태도를 보였기 때문이다. 하나님은 이전의 개인적인 허물은 눈감아 주셨지만 온 회중이 보는 자리에서 자행된 공개적인 죄악은 지나칠 수 없었다. 하나님이 모세의 죄를 엄히 꾸짖으신 것은 이 때문이다.[7]

불평이 입에서 떠나지 않았던 회의적인 공동체를 평생 이끈 지도자 모세는 결국 자신도 불평의 덫에 걸려 넘어지고 말았다. 하나님과 대면하는 사이였던 모세도 결국 한 인간에 지나지 않았다. 모세도 인간이고 흠이 있었으며, 내면적으로는 하나님과 갈등을 빚었다. 그도 옛 광야 세대의 길을 걸음으로써 그의 형과 함께 약속의 땅 경계 밖에서 죽었다.[8] 가장 신뢰받는 지도자라 할지라도 하나님의 뜻을 분별하는 데 있어 그 능력을 상실하고 불순종한 자로 전락할 수 있음을 유념해야 한다. 하물며 오늘날의 우리들이야 어떻겠는가? 모든 인간은 항상 넘어질 수 있는 존재가 아니던가!

그런즉 선 줄로 생각하는 자는 넘어질까 조심하라(고전 10:12).

---

7   J. Milgrom, *Numbers*, 166.
8   데니스 올슨, 『민수기』, 202.

22장

십일조가 세 종류나 된다고?

제사장용, 제사용, 약자용 십일조(신 14:22-29)

구약성경에는 적어도 세 종류의 십일조가 등장한다. 신명기 14:22-29에서는 두 가지 십일조가 소개되고 있으며, 신명기 외의 성경에 또 하나의 십일조가 나온다. 이로써 구약성경은 총 세 가지 십일조를 언급한다. 첫 번째는 레위인과 제사장의 생활비로 쓰이는 십일조이고(제사장용 십일조), 두 번째는 제사 공동체를 위한 십일조이며(제사용 십일조), 세 번째는 가난한 사람을 구제하기 위한 십일조이다(구제용 십일조). 이에 대해 좀 더 자세히 살펴보자.

첫째로 "제사장용 십일조"가 있다. 이는 레위인과 제사장에게 주어지는 일반적인 십일조다. 이러한 십일조는 민수기 18:21-24에서 발견된다.

> 21) 내가 **이스라엘의 십일조를 레위 자손에게 기업으로 다 주어서** 그들이 하는 일 곧 회막에서 하는 일을 갚나니, 22) 이 후로는 이스라엘 자손이 회막에 가까이 하지 말 것이라. 죄값으로 죽을까 하노라. 23) 그러나 레위인은 회막에서 봉사하며 자기들의 죄를 담당할 것이요 이스라엘 자손 중에는 기업이 없을 것이니, 이는 너희 대대에 영원한 율례라. 24) 이스라엘 자손이 여호와께 거제로 드리는 십일조를 레위인에게 기업으로 주었으므로, 내가 그들에 대하여 말하기를 "이스라엘 자손 중에 기업이

없을 것이라" 하였노라(민 18:21-24).

레위인은 땅을 기업으로 분배받지 못한 대신 "회막"과 "장막"에서 하나님을 섬기는 직무를 맡게 되었다.

> 3) 레위인은 **네 직무와 장막의 모든 직무**를 지키려니와 성소의 기구와 제단에는 가까이하지 못하리니, 두렵건대 그들과 너희가 죽을까 하노라. 4) 레위인은 너와 합동하여 **장막의 모든 일과 회막의 직무**를 다할 것이요, 다른 사람은 너희에게 가까이하지 못할 것이니라(민 18:3-4).

레위인은 회막에서 제사장 돕는 일을 하고 제사장은 하나님께 더 다가가 성막 내부에서의 봉사를 담당한다.

> 6) 보라, 내가 이스라엘 자손 중에서 너희의 형제 **레위인을 택하여** 내게 돌리고 너희에게 선물로 주어 **회막의 일**을 하게 하였나니, 7) 너[아론]와 네 아들들은 **제단과 휘장 안의 모든 일**에 대하여 제사장의 직분을 지켜 섬기라. 내가 제사장의 직분을 너희에게 선물로 주었은즉, 거기 가까이 하는 외인은 죽임을 당할지니라(민 18:6-7).

비록 레위인이 성막 봉사에 필요한 여러 일에서 그들의 도우미가 되었지만, 성막 안 봉사는 오로지 제사장만 수행할 수 있었다. 이처럼 제사장과 레위인만이 성막(회막) 접근 및 봉사의 책무를 배타적으로 맡게 되었다. 일반 이스라엘 백성에게 야웨의 성막에 가까이 접근하는 일은 죽을지도 모르는 매우 위험한 일이었다.

> 가까이 나아가는 자, 곧 여호와의 성막에 가까이 나아가는 자마다 다 죽
> 사오니 우리가 다 망하여야 하리이까?(민 17:13)

하나님은 제사장과 레위인에게 성막 봉사의 직분을 맡기는 대신 생계
유지의 수단으로 십일조를 그들에게 돌리신다.[1] 기업을 할당받은 이스
라엘 자손들은 기업이 없는 레위인에게 십일조를 돌리고, 레위인은 그
들에게서 받은 "십일조의 십일조"(a tithe of the tithe)를 제사장에게 바
친다.

> 26) 너는 **레위인에게** 말하여 그에게 이르라. 내가 이스라엘 자손에게 받
> 아 너희에게 기업으로 준 십일조를 너희가 그들에게서 받을 때에 그 **십일**
> **조의 십일조**를 거제로 여호와께 드릴 것이라. 27) 내가 너희의 거제물을
> 타작 마당에서 드리는 곡물과 포도즙 틀에서 드리는 즙 같이 여기리니,
> 28) 너희는 이스라엘 자손에게서 받는 모든 것의 십일조 중에서 여호와
> 께 거제로 드리고 여호와께 드린 그 거제물은 **제사장 아론에게로 돌리되**
> (민 18:26-28).

레위인이 바친 십일조가 제사장의 주 수입원이 되듯이 이스라엘 자손

---

1   김회권, 『하나님 나라 신학으로 읽는 모세오경』, 931-932.

이 바친 십일조는 레위인의 급료가 된다.[2]

> 너희와 너희의 권속이 어디서든지 이것을 먹을 수 있음은 이는 회막에서
> 일한 너희의 **보수**임이니라(민 18:31).

이러한 십일조를 "레위인과 제사장의 생활비를 위한 십일조" 혹은 "제
사장용 십일조"라고 한다. 다른 말로 "레위인의 십일조" 혹은 "제사장
의 십일조"다.

둘째로 "제사용 십일조"가 있다. 이러한 십일조는 신명기 14:22-
27에서 소개된다.

> 22) 너는 마땅히 **매년** 토지 소산의 십일조를 드릴 것이며, 23) **네 하나님
> 여호와 앞** 곧 **여호와께서 그의 이름을 두시려고 택하신 곳**에서 네 곡식과
> 포도주와 기름의 십일조를 **먹으며**, 또 네 소와 양의 처음 난 것을 **먹고 네**
> **하나님 여호와 경외하기를 항상 배울 것이니라**. 24) 그러나 네 하나님 여
> 호와께서 자기의 이름을 두시려고 택하신 곳이 네게서 너무 멀고 행로가
> 어려워서 네 하나님 여호와께서 그 풍부히 주신 것을 가지고 갈 수 없거
> 든, 25) 그것을 돈으로 바꾸어 그 돈을 싸가지고 네 하나님 여호와께서 택
> 하신 곳으로 가서 26) 네 마음에 원하는 모든 것을 그 돈으로 사되 소나
> 양이나 포도주나 독주 등 네 마음에 원하는 모든 것을 구하고, 거기 네 하
> 나님 여호와 앞에서 **너와 네 권속이 함께 먹고 즐거워할 것이며** 27) 네 성

---

2 김회권, 『하나님 나라 신학으로 읽는 모세오경』, 933.

읍에 거주하는 레위인은 너희 중에 분깃이나 기업이 없는 자이니 또한 저버리지 말지니라(신 14:22-27).

이스라엘은 "매년" 토지 소산의 십일조를 "하나님 여호와 앞에서" 곧 "여호와께서 그의 이름을 두시려고 택하신 곳"(성소)에서 드려야 한다. 이렇게 매년 드리는 십일조는 중앙 성소로 가져가야 한다. 그리고 "네 하나님 여호와 앞에서(중앙 성소에서) 너와 네 권속이 함께 먹고 즐거워할 것"이라는 권고에서 볼 수 있듯이, 이 십일조는 예배 장소에서 예배 참여자들이 함께 즐거워하며 식탁 교제를 하면서 나눠먹을 수 있었다. 이때 십일조의 목적은 야웨 하나님 경외하는 것을 배우는 데 있었다. 이를 통하여 백성은 자기 삶이 하나님의 선물에 의존한다는 사실을 늘 기억하게 된다.

이러한 십일조는 "제사 공동체를 위한 십일조" 혹은 "제사용 십일조"로서 예배 때 필요한 경비로 사용된다. 이를 "잔치 십일조", "절기 십일조" 혹은 "축제적 십일조"라고도 한다.

셋째는 "약자용 십일조"다. 이것은 구약성경 전체에서 신명기 14:28-29과 26:12-15의 두 부분에서만 나온다.

28) 매 삼 년 끝에 그해 소산의 **십분의 일**을 다 내어 **네 성읍에 저축하여**, 29) 너희 중에 분깃이나 기업이 없는 **레위인**과 **네 성중에 거류하는 객**과 및 **고아와 과부들**이 와서 **먹고 배부르게 하라**. 그리하면 네 하나님 여호와께서 네 손으로 하는 범사에 네게 복을 주시리라(신 14:28-29).

12) **셋째 해, 곧 십일조를 드리는 해**에 네 모든 소산의 십일조 내기를 마친 후에 그것을 **레위인과 객과 고아와 과부**에게 주어 **네 성읍 안에서 먹고 배부르게 하라.** 13) 그리 할 때에 네 하나님 여호와 앞에 아뢰기를 "내가 성물을 내 집에서 내어 레위인과 객과 고아와 과부에게 주기를 주께서 내게 명령하신 명령대로 하였사오니, 내가 주의 명령을 범하지도 아니하였고 잊지도 아니하였나이다. 14) 내가 애곡하는 날에 이 성물을 먹지 아니하였고 부정한 몸으로 이를 떼어두지 아니하였고 죽은 자를 위하여 이를 쓰지 아니하였고 내 하나님 여호와의 말씀을 청종하여 주께서 내게 명령하신 대로 다 행하였사오니, 15) 원하건대 주의 거룩한 처소 하늘에서 보시고 주의 백성 이스라엘에게 복을 주시며 우리 조상들에게 맹세하여 우리에게 주신 젖과 꿀이 흐르는 땅에 복을 내리소서" 할지니라(신 26:12-15).

이 십일조는 3년마다 한 번씩 내는 십일조로서 중앙 성소가 아닌 "각 성읍"에 축적된다. 이것은 각 성읍에 거주하는 가난한 사람들, 곧 레위인, 객, 고아, 과부들이라는 구약성경에서 나오는 가장 소외된 그룹의 생계를 위해 사용되었다. 이 십일조는 중앙 성소 제사장의 손을 거치지 않고 곧바로 각자가 속한 성읍의 최빈곤층에게 분배된 것 같다.

이 십일조는 사회적 불평등을 예방하고 사회를 통합하기 위한 일종의 "사회 복지 기금"으로 규정된 것이다.[3] 사회 안전망의 확충으로 생

---

3 T. Veijola. *Das 5. Buch Mose Deuteronomium Kapitel 1,1-16,17* (Das Alte Testament Deutsch; Göttingen: Vandenhoeck & Ruprecht, 2004), 307.

계형 범죄가 발생할 여지를 크게 줄이려 한 것이다. 사회 최빈곤층을 배부르게 하면 하나님이 친히 이스라엘의 범사를 축복하신다는 약속이 주어진다.

> 너희 중에 분깃이나 기업이 없는 레위인과 네 성중에 거류하는 객과 및 고아와 과부들이 와서 먹고 배부르게 하라. **그리하면 네 하나님 여호와께서 네 손으로 하는 범사에 네게 복을 주시리라**(신 14:29).

> "원하건대 주의 거룩한 처소 하늘에서 보시고 **주의 백성 이스라엘에게 복을 주시며 우리 조상들에게 맹세하여 우리에게 주신 젖과 꿀이 흐르는 땅에 복을 내리소서**" 할지니라(신 26:15).

자비와 사회적 애휼이 가져오는 신적 축복, 이것은 경제적 번영 확보의 신기원을 열 것이다.

> 9) 우리 주 예수 그리스도의 은혜를 너희가 알거니와, 부요하신 이로서 너희를 위하여 가난하게 되심은 그의 가난함으로 말미암아 너희를 부요하게 하려 하심이라. 10) 이 일에 관하여 나의 뜻을 알리노니, 이 일은 너희에게 유익함이라. 너희가 일 년 전에 행하기를 먼저 시작할 뿐 아니라 원하기도 하였은즉(고후 8:9-10).[4]

---

4   김회권, 『하나님 나라 신학으로 읽는 모세오경』, 1167.

이 십일조 규정은 이미 복을 받은 사람이 계속 복을 누리는 길이 무엇인지를 가르쳐준다. 땅에서 계속적인 축복을 누리는 방법은 약자용 십일조의 사회 환원이다.[5]

미드라쉬(Midrasch Debarim Pisqa 109)는 3년마다 내는 이 십일조를 "약자용 십일조"(Armenzehnt)라고 부른다.[6] 이 십일조는 "최초의 사회복지 세금"[7]이라고 할 수 있다. 한편 이 십일조에 대하여 3년에 한 번씩 추가로 십일조를 더 내라는 것인지(추가적 긴급 구제용), 아니면 3년째마다 나오는 십일조 전체를 다 구제비로 쓰라는 것인지(용도의 변경)는 명확하게 나와 있지 않다. 분명한 것은 이 십일조가 가난한 사람들을 위한 "구제용 십일조"라는 사실이다. 이 구제용 십일조는 오늘날 교회가 되살려야 할 부분이다.

정리하면 구약성경의 십일조에는 세 가지 종류 혹은 용도가 있었다. 제사장의 생활비용 십일조, 제사 경비용 십일조, 약자용 십일조가 그것이다. 십일조는 옛 언약의 이상적 신앙 공동체를 유지하기 위하여 주어진 아름다운 규약이다. 그러나 새 언약의 성도는 구약의 용도나 율법적인 의미에서 십일조를 내지 않는다. 그 대신 다른 율법 조항과 마찬가지로 율법의 정신을 따라서 복음과 하나님 나라를 위해 정성껏 헌금을 한다.[8] 오늘날의 교회는 구약성경의 "율법으로서의 십일조"가 아

---

5   김회권, 『하나님 나라 신학으로 읽는 모세오경』, 1265.
6   E. Otto, *Deuteronomium 12,1-23,15* (Herders Theologischer Kommentar zum Alten Testament; Freiburg: Verlag Herder, 2016), 1317.
7   F. Crüsemann, *Die Tora: Theologie und Sozialgeschichte des alttestamentlichen Gesetzes* (München: Chr. Kaiser Verlag, 1992), 254.
8   신득일, 『101가지 구약 Q&A (1)』(서울: CLC, 2015), 99.

니라 "교회 전통으로서의 십일조"를 드린다.[9] 십일조는 크게 보면 "교회 안의 공동체를 세우는 일"(제사장용과 제사용 십일조)과 "교회 밖의 약자를 세우는 일"(약자용 십일조)에 쓰이는 거룩한 물질이다.[10] 한국교회의 유별난(?) 십일조 전통은 지속되어야 한다. 단, 약자용 십일조를 도적질하지 않으면서 말이다.

9   조성기, 『십일조는 없다: 예수보다 물질을 탐하는 한국교회』(서울: 평단문화사, 2012), 231.

10 차준희, 『열두 예언자의 영성: 우리가 잃어버린 정의, 긍휼, 신실에 대한 회복 메시지』(서울: 새물결플러스, 2014), 259.

23장
가난 없는 세상이 가능하다고?
"너희 중에 가난한 자가 없으리라"(신 15:4-5, 11)

신명기에서는 가난에 대하여 상반된 진술이 나타난다. 우선 가난 없는 세상이 가능하다고 말한다.

> 네가 만일 네 하나님 여호와의 말씀만 듣고 내가 오늘 네게 내리는 그 명령을 다 지켜 행하면, 네 하나님 여호와께서 네게 기업으로 주신 땅에서 네가 반드시 복을 받으리니, 너희 중에 가난한 자가 없으리라(신 15:4-5).

그런데 이 세상에서 가난한 자는 그치지 않을 것이라고도 말한다.

> 땅에는 언제든지 가난한 자가 그치지 아니하겠으므로 내가 네게 명령하여 이르노니, 너는 반드시 네 땅 안에 네 형제 중 곤란한 자와 궁핍한 자에게 네 손을 펼지니라(신 15:11).

이 두 구절은 상호 모순된 진술처럼 보인다. 이러한 모순을 어떻게 이해해야 할까?

우선 이 두 가지 진술과 관련된 오해부터 바로잡아보자. 신명기

15:4-5은 "모든 가난은 불신앙의 결과"라는 말로 오해될 때가 있다.[1] 가난한 이들은 하나님의 말씀에 순종하지 않았기 때문에 그렇게 되었다는 것이다. 그러나 가난의 원인은 여러 가지다. 본인의 책임과는 무관한 어쩔 수 없는 재난이나 환경적 요인에 의한 가난도 있다.

> 13) 내가 해 아래에서 큰 폐단 되는 일이 있는 것을 보았나니
> 곧 소유주가 재물을 자기에게 해가 되도록 소유하는 것이라.
> 14) 그 재물이 재난을 당할 때 없어지나니
> 비록 아들은 낳았으나 그 손에 아무것도 없느니라(전 5:13-14).

물론 개인의 "게으름"으로 인한 가난도 있다.

> 손을 게으르게 놀리는 자는 가난하게 되고
> 손이 부지런한 자는 부하게 되느니라(잠 10:4).

> 33) 네가 "좀 더 자자, 좀 더 졸자,
> 손을 모으고 좀 더 누워 있자" 하니
> 34) 네 빈궁이 강도 같이 오며
> 네 곤핍이 군사 같이 이르리라(잠 24:33-34).

또한 "방종"으로 인한 가난도 발생할 수 있다.

---

1   장세훈, 『문맥에서 길을 찾다: 바른 구약 읽기』(용인: 토브, 2018), 113.

연락[잔치를 벌여 즐김]을 좋아하는 자는 가난하게 되고

술과 기름을 좋아하는 자는 부하게 되지 못하느니라(잠 21:17).

하지만 하나님은 부자와 빈자를 모두 허용하고 돌보신다.

가난한 자와 부한 자가 함께 살거니와

그 모두를 지으신 이는 여호와시니라(잠 22:2).

그러므로 가난을 단순히 불신앙의 결과로 정죄해서는 안 된다. 모든 가난이 불신앙의 결과는 아니기 때문이다.

또한 신명기 15:11a의 "땅에는 언제든지 가난한 자가 그치지 아니하겠으므로"라는 진술도 잘못 이해되곤 한다. 즉 가난이란 어차피 피할 수 없는 현실이므로, 가난의 문제는 사람의 힘으로 해결이 불가능하며 어느 정도 묵인하고 덮고 넘어가야 한다는 뜻으로 오해된다.[2] 그러나 이 구절의 후반부(신 15:11b)는 이런 식의 이해를 허용하지 않는다. 가난한 자가 늘 존재하기 때문에 우리 앞에 있는 "곤란한 자와 궁핍한 자"를 반드시 구제하라고 명령하고 있기 때문이다. 가난한 자는 어차피 상존하니 무시하라는 것이 아니고, 오히려 늘 도와야 한다는 것이다. 구제는 선택이 아니고 의무임을 강조한 대목이다.

신명기 15:1-11은 매 7년마다 빚을 탕감해주는 면제에 관한 규정

---

2   W. Brueggemann, *Deuteronomy* (Abingdon Old Testament Commentaries; Nashville: Abingdon Press, 2001), 169.

이다. 이 규정은 아마도 신명기에서 가장 파격적인 요구일 것이다. 어떤 학자는 이 본문이 신명기에 나오는 명령 가운데서도 가장 핵심적인 부분이라고 주장한다.[3] 면제 규정은 다른 고대 근동 국가에도 있었지만 이때 면제(탕감)는 "왕의 일"이었다. 그러나 신명기에 따르면 이스라엘에서 면제의 일은 "모든 시민의 일"로 의무적으로 부과된다. 빚을 탕감하는 일은 일시적 시혜를 베푸는 개혁 행사가 아니라 상시적 복지 체제였다.[4]

"가난한 자가 없으리라"(신 15:4)라는 진술과 "땅에는 가난한 자가 그치지 않을 것이다"(신 15:11)라는 진술은 알고 보면 상호 모순된 것이 아니다. 4절은 사람들이 모두 하나님의 명령에 순종하며 사는 "이상적인 사회"를 말한 것이고, 11절은 가난한 사람들이 실제로 어느 때나 있을 수밖에 없는 "현실적인 사회"를 말한 것이다.[5]

신명기 15:4-6은 이상적인 상황을 묘사한다. 이스라엘이 하나님의 축복을 너무나도 기뻐하여 하나님의 율법을 "다 지킴으로" 더 큰 축복을 누린다. 이런 상황이라면 가난이 없다. 7-11절은 이스라엘이 사회·경제 영역에서 하나님의 율법을 다 지키지는 못하리라는 인식에 근거한다. 따라서 이 구절은 어려움과 필요 때문에 사회에서 특별히 보살피고 주목해야 할 자들이 늘 있으리라는 현실적 추정을 토대로 한 권

---

3   M. Weinfeld, *Social Justice in Ancient Israel and in the Ancient Near East* (Minneapolis: Fortress Press, 1995), 152-174.

4   U. Rütersworden, *Das Buch Deuteronomium* (Neuer Stuttgarter Kommentar Altes Testament; Stuttgart: Verlag Katholossches Bibelwerk, 2006), 96-97.

5   크리스토퍼 라이트, 전의우 역, 『신명기』(UBC; 서울: 성서유니온, 2017), 273-274.

고다.[6] 4절은 가난에 대한 절망을 몰아낼 수 있는 위대한 가능성에 대한 확신(assurance)이고, 11절은 가난한 사람을 외면하고자 하는 기만을 몰아내라는 위대한 명령(great imperative)이라고 할 수 있다.[7]

신명기는 가난한 자들의 고통을 경감해주는 것을 하나님의 뜻에 대한 순종의 문제로 여기고 있다.

> 삼가 너는 마음에 악한 생각을 품지 말라. 곧 이르기를 "일곱째 해 면제년이 가까이 왔다" 하고 네 궁핍한 형제를 악한 눈으로 바라보며 아무것도 주지 아니하면 그가 너를 여호와께 호소하리니, 그것이 네게 죄가 되리라 (신 15:9).

이스라엘이 그 법에 따라 살아간다면 가난은 전혀 없을 것이다. 그러나 결국 백성이 순종하는 데 실패했기 때문에 가난은 반드시 처리해야 할 현실이 되었다. 신명기는 부유층, 재판장, 속박된 노예의 소유주, 채무자들을 향해 말하고 있다. 이들은 모두 가난한 사람들의 사정을 완화하거나 악화시킬 수 있는 자리에 있는 이들이다. 신명기는 이들에게 자신의 권리를 조금 포기할 것, 경제적인 면에서 자신의 사적 이익에 반하여 행동할 것, 그리고 가난한 사람들을 자신의 가족 구성원으로 대할 것을 요구하고 있다.[8] 하나님의 백성은 각자가 최대의 이익을 추구하면서 효율적으로 움직이는 일반 사회와 다른 질서를 지닌 "대조사회"(對

---

6   크리스토퍼 라이트, 『신명기』, 274.

7   W. Brueggemann, *Deuteronomy*, 170.

8   L. J. Hoppe, *Being Poor: A Biblical Study* (Wilmington: Michael Glazier, 1987), 32.

照社會, counter-society)를 만드는 자들이다.[9]

신명기 15:4-5과 15:11은 다같이 하나님이 주신 처방대로만 하면 이 땅에 결코 가난한 이가 없을 것이라는 사실을 말하고 있다.[10] 이는 하나님의 말씀을 순수하게 듣고 그 말씀대로 살기만 하면 가능한 일이다. 우리에게는 가난이 종식될 수 있다는 하나님의 말씀이 실제로 성취된 역사적 사례가 있다. 이는 바로 초기 교회의 한 신앙 공동체 안에서 발견된다.

> 33) 사도들이 큰 권능으로 주 예수의 부활을 증언하니 무리가 큰 은혜를 받아 34) **그 중에 가난한 사람이 없으니**, 이는 밭과 집 있는 자는 팔아 그 판 것의 값을 가져다가 35) 사도들의 발 앞에 두매, 그들이 각 사람의 필요를 따라 나누어 줌이라(행 4:33-35).

가나안이 정복되었듯이 가난도 정복될 수 있다. 야웨 하나님의 가르침에 순종하는 사람들로 가득 차 있는 땅에서는 결코 가난한 이들이 없을 것이다. 하나님은 불가능한 것을 요구하는 분이 아니다. 문제는 사람들의 불신과 탐욕과 욕심이 가난의 종식을 지연시킨다는 사실이다. 어쩌면 이곳은 인간의 죄성이 지배하는 세상이기 때문에 예수님의 재림 때에야 비로소 그 완성을 확실히 경험하게 될지도 모른다. 그럼에도 불구하고 우리는 그 일을 종말에 이루어질 사건으로만 여겨 미루고 손 놓아

---

9   주원준, 『신명기』(거룩한 독서를 위한 구약성경 주해; 서울: 바오로딸, 2016), 249.
10   R. E. Friedman, *Commentary on the Torah* (San Francisco: Harper, 2003), 614.

서는 안 된다. 종말에 완성될 하나님 나라를 이 땅에 앞당겨 미리 하나님 나라를 맛보는 일은 신앙인의 임무이기 때문이다. 하나님의 사람들은 가난을 몰아내는 신성한 구제의 의무를 다해야 한다. 그 일이 하나님의 일이기 때문이다.[11]

이스라엘은 이웃의 궁핍함을 채워주는 도구로 쓰임 받을 때 비로소 "하나님의 명령을 잊지 않고 어김없이 다 실행하였다"고 말할 수 있었다.[12]

12) 셋째 해, 곧 십일조를 드리는 해에 네 모든 소산의 십일조 내기를 마친 후에 그것을 레위인과 객과 고아와 과부에게 주어 네 성읍 안에서 먹고 배부르게 하라. 13) 그리 할 때에 네 하나님 여호와 앞에 아뢰기를 "내가 성물을 내 집에서 내어 레위인과 객과 고아와 과부에게 주기를 주께서 내게 명령하신 명령대로 하였사오니, 내가 주의 명령을 범하지도 아니하였고 잊지도 아니하였나이다(신 26:12-13).

가난한 자들을 향한 관대함은 "자비의 문제"가 아니라 하나님의 가르침에 대한 "순종의 문제"다.[13]

---

11 차준희, 『모세오경 바로 읽기: 차준희 교수의 평신도를 위한 구약특강』, 222-223.
12 왕대일, 『왕대일 교수의 신명기 강의: 신명기, 약속의 땅으로 가는 길』(서울: 대한기독교서회, 2011), 276.
13 대니얼 I. 블록 외, 『구약 설교, 어떻게 할 것인가?: 구약 설교의 이론과 실제』, 117.

참고문헌

사전류

Maass, F. Art. "adam." *ThWAT* Ⅰ. 1973, 81-94.
Pritchard, J. B.(ed.). *Ancient Near Eastern Texts: Relating to the Old Testament.* Princeton:
    Princeton University Press, 1969.

주석 및 단행본

김경래.『구약성경난제 1: 창세기, 출애굽기, 레위기』. 안양: 대장간, 1998.
김선종.『레위기 성결법전의 신학과 윤리』. 서울: CLC, 2018.
김이곤. "돌칼을 든 시뽀라의 구원행위",『출애굽기의 신학』. 서울: 한국신학연구소,
    1992.
김이곤.『삶, 죽음 그리고 죽음 이후』. 사상지식; 서울: 프리칭아카데미, 2007.
김지찬.『너와 네 온 집은 방주로 들어가라: 노아 언약의 신학적 이해』. 서울: 생명의 말
    씀사, 2019.
김회권.『하나님 나라 신학으로 읽는 모세오경』. 서울: 복 있는 사람, 2017.
데이비스, 엘런 F.『하나님의 진심: 구약 성경, 천천히 다시 읽기』. 양혜원 역. 서울: 복
    있는 사람, 2017.
드 보, 롤랑.『구약성경의 제도들(2)』. 김건태 역. 화성: 수원가톨릭대학교출판부, 2017.
라이트, 크리스토퍼.『신명기』. 전의우 역. UBC; 서울: 성서유니온, 2017.
뢰머, 토마스.『모호하신 하느님: 구약성경에 나타난 하느님의 잔인성, 성, 폭력』(개정증
    보판). 권유현/백운철 역. 서울: 성서와 함께, 2011.
루커, 마크 M.『레위기』. 차주엽 역. NAC; 서울: 부흥과 개혁사, 2018.
만케, 헤르만.『한 권으로 마스터하는 구약성경』. 차준희 역. 서울: 대한기독교서회,

2010.

몰트만, 위르겐.『창조 안에 계신 하느님: 생태학적 창조론』. 김균진 역. 서울: 한국신학
연구소, 1991.

박요한 영식.『탈출기(1): 1-18장』. 서울: 성서와 함께, 2016.

박요한 영식.『탈출기(2): 19-40장』. 서울: 성서와 함께, 2018.

박종구.『사람아, 너 어디 있느냐? 창세기 1-11장: 인간의 미래』. 서울: 서강대학교,
2007.

발렌틴, 사무엘 E.『레위기』. 조용식 역. 현대성서주석; 서울: 한국장로교출판사, 2011.

버치, 브루스 C. 외.『신학의 렌즈로 본 구약개관』. 차준희 역. 서울: 새물결플러스,
2016.

볼프, 한스 발터.『구약성서의 인간학』. 문희석 역. 왜관: 분도출판사, 1976.

붓드, 필립 J.『민수기』. 박신배 역. WBC 성경주석; 서울: 솔로몬, 2006.

브루그만, 월터.『고대 이스라엘의 예배: 핵심 가이드』. 차준희 역. 구약사상문고; 서울:
대한기독교서회, 2016.

브루그만, 월터.『창세기』. 강성열 역. 현대성서주석; 서울: 한국장로교출판사, 2000.

블록, 다니엘 I.『영광의 회복: 성경적인 예배 신학의 회복』. 전남식 역. 서울: 성서유니
온, 2019.

블록, 대니얼 I. 외.『구약 설교, 어떻게 할 것인가?: 구약 설교의 이론과 실제』. 차준희
역. 서울: 새물결플러스, 2019.

사르나, 나훔. M.『출애굽기 탐험』. 박영호 역. 서울: 솔로몬, 2004.

성서와 함께.『어서 가거라: 성서가족을 위한 탈출기 해설서(개정판)』. 서울: 성서와 함
께, 2010.

슈미트, 베르너. H.『구약신앙: 역사로 본 구약신학』. 차준희 역. 서울: 대한기독교서회,
2007.

슈미트, 한스-크리스토프.『구약, 어떻게 공부할 것인가?: 구약학 연구 안내서』. 차준
희/김정훈 역. 서울: 대한기독교서회, 2014.

신득일.『101가지 구약 Q&A(1)』. 서울: CLC, 2015.

앤더슨, 버나드 W.『구약신학』. 최종진 역. 서울: 한들출판사, 2012.

예레미야스, 요른.『하나님의 후회: 구약성서의 하나님 이해』. 채홍식 역. 서울: 대한기
독교서회, 2002.

올슨, 데니스. T.『민수기』. 차종순 역. 현대성서주석; 서울: 한국장로교출판사, 2000.

왕대일.『민수기』. 대한기독교서회 창립 100주년 기념 성서주석; 서울; 대한기독교서

회, 2007.

왕대일. 『왕대일의 출애굽기 강해: 엑소도스, 하나님의 성소를 이루기까지』. 서울: kmc, 2015.

왕대일. 『왕대일 교수의 신명기 강의: 신명기, 약속의 땅으로 가는 길』. 서울: 대한기독교서회, 2011.

월키, 브루스 K./프레드릭스, 캐시 J. 『창세기 주석』. 김경열 역. 서울: 새물결플러스, 2018.

웬함, 고든. 『창세기(상)』. 박영호 역. WBC 성경주석; 서울: 솔로몬, 2001.

웬함, 고든. 『모세오경』. 박대영 역. 성경이해; 서울: 성서유니온, 2007.

웬함, 고든. 『레위기』. 김귀탁 역. NICOT; 서울: 부흥과개혁사, 2014.

이희학. 『인간의 죄악과 하나님의 구원행동: 창세기 1-11장의 신학』. 서울: 대한기독교서회, 2003.

장세훈. 『문맥에서 길을 찾다: 바른 구약 읽기』. 용인: 토브, 2018.

정규남. 『출애굽기』. 한국성경주석총서; 서울: 도서출판 햇불, 2006.

정현진. 『다시 시작이다: 창세기 원역사와 손잡고 거닐기(1)』. 서울: 바이북스, 2018.

조성기. 『십일조는 없다: 예수보다 물질을 탐하는 한국교회』. 서울: 평단문화사, 2012.

주원준. 『신명기』. 거룩한 독서를 위한 구약성경 주해; 서울: 바오로딸, 2016.

차준희. 『창세기 다시 보기』. 서울: 대한기독교서회, 1998.

차준희. 『교회 다니면서 십계명도 몰라?』. 서울: 국제제자훈련원, 2012.

차준희. 『모세오경 바로 읽기: 차준희 교수의 평신도를 위한 구약특강』. 서울: 성서유니온, 2013.

차준희. "성경, 어떤 책인가?: 인생 지도인 성경." 「플러스 인생」 2014(11월), 51-55.

차준희. 『열두 예언자의 영성: 우리가 잃어버린 정의, 긍휼, 신실에 대한 회복 메시지』. 서울: 새물결플러스, 2014.

최승정. 『탈출기 I : 1장 1절-13장 16절』. 서울: 가톨릭대학교출판부, 2016.

폰 라트, 게르하르트. 『창세기』. 국제성서주석; 서울: 한국신학연구소, 1981.

프레다임, 테렌스 E. 『출애굽기』. 현대성서주석; 서울: 한국장로교출판사, 2001.

하틀리, 존. E. 『레위기』. 김경열 역. WBC 성경주석; 서울: 솔로몬, 2006.

해밀턴, 빅터. 『창세기(1): 창 1-17장』. 임요한 역. NICOT; 서울: 부흥과 개혁사, 2016.

해밀턴, 빅터 P. 『출애굽기』. 박영호 역. 서울: 솔로몬, 2017.

Brueggemann, W. *Deuteronomy*. Abingdon Old Testament Commentaries; Nashville: Abingdon Press, 2001.

Cassuto, U. *A Commentary on the Book of Exodus*. Jerusalem: The Magnes Press, 1997.

Cassuto, U. *A Commentary on the Book of Genesis. Part 2: From Noah to Abraham*. Translated by I. Abrahams. Jerusalem: The Magnes Press, 1964.

Craigie, P. C./Kelley, P. H./Drinkard, J. F. Jr., *Jeremiah 1-25*. Word Biblical Commentary; Dallas: Word Books, 1991.

Crüsemann, F. *Die Tora: Theologie und Sozialgeschichte des alttestamentlichen Gesetzes*. München: Chr. Kaiser Verlag, 1992.

Delitzsch, F. *A New Commentary on Genesis*. trans. S. Taylor. Edinburgh: T. & T. Clark, 1899.

Dohmen, C. *Exodus 1-18*. HThKAT; Freiburg/Basel/Wien: Herder, 2015.

Dohmen, C. *Exodus 19-40*. HThKAT; Freiburg/Basel/Wien: Herder, 2012.

Fischer G./Markl, D. *Das Buch Exodus*. Neuer Stuttgarter Kommentar Altes Testament; Stuttgart: Verlag Katholisches Bibelwerk, 2009.

Friedman, R. E. *Commentary on the Torah*. San Francisco: Harper, 2003.

Gertz, J. C. *Das erste Buch Mose(Genesis): Die Urgeschichte Gen 1-11*. Das Alte Testament Deutsch; Göttingen: Vandenhoeck & Ruprecht, 2018.

Greenberg, M. *Understanding Exodus*. New York: Behrman House, 1969.

Grünwaldt, K. *Auge um Auge, Zahn um Zahn? Das Recht im Alten Testament*. Mainz: Matthias-Grünwald-Verlag, 2002.

Hoppe, L. J. *Being Poor: A Biblical Study*. Wilmington: Michael Glazier, 1987.

Houtman, C. *Exodus Vol. 1: Chapters 1:1-7:13*. Historical Commentary on the Old Testament; Kampen: Kok Publishing House, 1993.

Houtman, C. *Exodus Vol. 2: Chapters 7:14-19:25*. Historical Commentary on the Old Testament; Leuven: Peeters, 2000.

Kline, M. G. *Kingdom Prologue*. Hamilton: Meredith Kline, 1993.

Köhler, L. *Theologie des Alten Testaments*. Tübingen: Mohr Siebeck, [3]1953.

Köhler, L. *Hebrew Man*. London: SCM Press, 1956.

Levine, B. A. *Numbers 1-20*. The Anchor Bible; New York: Doubleday, 1993.

Marx, A. *Lévitique 17-27*. CAT Ⅲ b; Genève: Laor et Fides, 2011.

Milgrom, J. "Atonement in the OT." *IDBS*. Nashville: Abingdon, 1976.

Milgrom, J. *Leviticus 1-16*. The Anchor Bible; New York: Doubleday, 1991.

Milgrom, J. *Numbers*. The JPS Torah Commentary; Jerusalem: The Jewish Publication Society, 1990.

Milgrom, J. *Leviticus 17-22*. The Anchor Bible; New Haven and London: Yale University Press, 2000.

Otto, E. *Deuteronomium 12,1-23,15*. Herders Theologischer Kommentar zum Alten Testament; Freiburg: Verlag Herder, 2016.

Propp, W. H. C. *Exodus 19-40*. The Anchor Bible; New York: Doubleday, 2006.

Preuß, H. D. *Theologie des Alten Testaments. Band 2: Israel Weg mit JHWH*. Stuttgart: Kohlhammer, 1992.

Procksch, O. *Die Genesis*. KAT; Leipzig: Deichert Scholl, 1924.

Rich, J. M. *Chief Seattle's Unanswered Challenge*. Seattle: Lowman & Hanford Co., 1947.

Rüterswörden, U. *Das Buch Deuteronomium*. Neuer Stuttgarter Kommentar Altes Testament; Stuttgart: Verlag Katholisches Bibelwerk, 2006.

Sarna, N. M. *Genesis*. The JPS Torah Commentary; Philadelphia: Jewish Publication Society, 1989.

Sarna, N. M. *Exodus*. The JPS Torah Commentary; Jerusalem: The Jewish Publication Society, 1991.

Schmidt, L. *Das 4. Buch Mose Numeri 10,11-36,13*. Das Alte Testament Deutsch; Göttingen: Vandenhoeck & Ruprecht, 2004.

Schmidt, W. H. *Exodus 1,1-6,30*. Biblischer Kommentar Altes Testament; Neukirchen-Vluyn: Neukirchener Verlag, 1988.

Schüle, A. *Die Urgeschichte(Genesis 1-11)*. Zürcher Bibelkommentare; Zürich: Theologischer Verlag, 2009.

Staubli, Th. *Die Bücher Levitikus-Numeri*. Neuer Stuttgarter Kommentar Altes Testament; Stuttgart: Verlag Katholische Bibelwerk, 1996.

Stuart, D. K. *Exodus*. The New American Commentary; Nashville: Broadman & Holman Publishers, 2006.

Veijola. T. *Das 5. Buch Mose Deuteronomium Kapitel 1,1-16,17*. Das Alte Testament Deutsch; Göttingen: Vandenhoeck & Ruprecht, 2004.

von Rad, G. *Das erste Buch Mose. Genesis*. Das Alte Testament Deutsch; Göttingen: Vandenhoeck & Ruprecht, 1987.

Wanke, G. *Jeremia. Teilband 1: Jeremia 1,1-25,14.* Zürcher Bibelkommentare; Zürich: Theologischer Verlag, 1995.

Westermann, C. *Genesis. 1. Teilband: Genesis 1-11.* Biblischer Kommentar Altes Testament; Neukirchen-Vluyn: Neukirchener Verlag, 1983.

Weinfeld, M. *Social Justice in Ancient Israel and in the Ancient Near East.* Minneapolis: Fortress Press, 1995.

Zimmerli, W. *1. Mose 1-11: Urgeschichte.* Zürcher Bibelkommentare; Zürich: Theologischer Verlag, ⁵1991.

논문

왕대일. "성서 이야기의 딜레마: 하나님이 모세를 죽이려고 하셨다(출 4:24-26)."『새로운 구약주석: 이론과 실제』. 서울: 성서연구사, 1996, 314-342.

왕대일. "아사셀 염소와 속죄의 날(레 16:6-10)."「구약논단」19, 2005(12월), 10-30.

이상란/정중호. "대속죄일과 아사셀."「구약논단」3, 1997(8월), 5-24.

Crüsemann, F. "'Auge um Auge...'(Ex 21,24f). Zum sozialgeschichtlichen Sinn des Talionisgesetzes im Bundesbuch." *Evangelische Theologie* 47 (1987), 411-426.

Currid, J. "Why Did God Harden Pharaoh's Heart?" *Bib Rev* 9 (1993), 46-51.

Humphreys, C. J. "The Numbers in the Exodus from Egypt: A Further Appraisal." *VT* 50 (2000), 323-328.

Mendenhall, G. E. "The Census Lists of Numbers 1 and 26." *JBL* 77 (1958), 52-66.

Milgrom, J. "You Shall Not Boil a Kid in Its Mother's Milk." *Bib Rev* 1 (1985), 48-55.

Rendsburg, G. A. "An Additional Note to Two Recent Articles on the Number of People in the Exodus from Egypt and the Large Numbers in Numbers 1 and 26." *VT* 51 (2001), 392-396.

Rice, G. "The Curse That Never Was(Gen 9:18-27)." *JRT* 29 (1972), 14-17.

Schmidt, W. H. "Anthropologische Begriffe im Alten Testament." *EvTh* 24 (1964), 374-388.

구약이 이상해요

오경 난제 해설

Copyright ⓒ 차준희 2021

1쇄 발행 2021년 10월 26일
4쇄 발행 2022년 10월 17일

지은이 차준희
펴낸이 김요한
펴낸곳 새물결플러스

편 집 왕희광 정인철 노재현 정혜인 이형일 나유영 노동래
디자인 박인미 황진주
마케팅 박성민 이원혁
총 무 김명화 이성순
영 상 최정호 곽상원
아카데미 차상희

홈페이지 www.holywaveplus.com
이메일 hwpbooks@hwpbooks.com
출판등록 2008년 8월 21일 제2008-24호
주 소 (우) 04118 서울시 마포구 마포대로19길 33
전 화 02) 2652-3161
팩 스 02) 2652-3191

ISBN 979-11-6129-216-8 03230

책값은 뒤표지에 있습니다.